大展好書 好書大展

精選系列 8

失去鄧小平的中國

小島朋之 著
杜秀卿 譯

大展出版社有限公司
DAH-JAAN PUBLISHING CO., LTD.

目錄

序章　過渡期

第一章　鄧小平不在的現實
——即將開始的權力糾紛

第二章　失去鄧小平的中國
——明天開始的發展

第三章　中國政治的動向
——共產黨獨裁與傳統王朝

第四章　亞洲太平洋中的中國
——霸權與連帶關係

第五章　中國經濟的展望

——經濟大國化的虛實

序章 過渡期

到達「失去鄧小平的中國」的過渡期

從一九九二年到九四年前半期為止，中國經濟顯著地發展，日本企業也掀起對中投資的旋風。但是到了九四年後半期，一直強調中國經濟擁有光明未來的經濟專家們也開始修正軌道，對於中國經濟的發展感到不安。理由是因為最近中國經濟的「過熱」、「泡沫」體質。但是浮上檯面的經濟發展的不安不只如此，當然也來自對今後中國政治的不安。

中國現已進入重大的過渡期，一言以蔽之，這個過渡期就是從「擁有鄧小平的中國」到「失去鄧小平的中國」。

自秦始皇以來，二千二百年間，中國是由至上權威存在維持國家的統合，這個存在獨占權力與權威，決定真理，稱為「定於一尊」。所以如果沒有「定一尊」化的中國，很難確保統合，而中國史上就會出現分裂或「幾個中國」並存的狀態。

由這種歷史的文脈來看，中華人民共和國期可以說是異例的時代。由共產黨進行的中央政權的威令，滲透農村末端各個角落，而「一個中國」的統合已經持續了將近半世紀。能夠辦到這一點的是毛澤東，在毛澤東死後是鄧小平。這就是「定一尊」化的現代中國版。

鄧小平的確是「中國最大的實力者」。一九九三年三月辭去國家中央軍事委員會主席職位之後，也不再擔任相當於中國國會的全人代（全國人民代表大會）的代表，從一切公職中引退。他說自己「只是一介普通黨員而已」。

鄧小平雖是「一介普通黨員」，卻是最大的實力者。一九七六年毛澤東死後，從革命鬥爭到現代化建設的路線有了一百八十度的轉變，他以強大的領導力推進經濟發展，因而被稱為「改革、開放的總設計師」。尤其是在一九八九年天安門事件後，中國共產黨與國家「分裂的危機」因為他而得以避免，仍然能統合巨大的中國。

從一九九二年以來，中國經濟連續三年持續十三％左右的高速成長，不只是在亞洲，也在世界上堪稱經濟大國的中國之現狀，與將來的發展可能性備受矚目。中國經濟最近顯著的發展及將來的發展，連鄧小平自己都承認，政治的安定是不可或缺的前提條件。

需要「定一尊」的中國政治體質短期間內不會改變，但是後鄧小平的政治發展卻令人感到不安，連帶使得經濟的發展也變得不透明。

事實上，失去鄧小平是無可避免之事。

自一九八八年以來，鄧小平每到舊曆年正月時，就會在上海發表一年大計，舉出一年的具體方針。但是九四年卻沒有發表什麼具體的談話，而在電視上也可以看出他的體力嚴重衰退。到了九五年更是消聲匿跡。鄧小平的政治時代已劃上休止符。而「失去鄧小平的中國」，也就是沒有「定一尊」的中國，還能確保統合嗎？

鄧小平以後的中國，雖然沒有確切的證據顯示具有近代中國史特徵的「諸侯割據」或軍事政變的局面會再現，但是曾經歷運動與鬥爭的知識分子，提昇生活水準的勞工和農民，以及現代化、知識水準提高的軍隊，在改革、開放中獲得經濟利益的鄉鎮企業及個人經營者，都不希望引起混亂，而盼望著安定。由於開放而擁有國際情勢觀的人，都不希望像俄羅斯一樣引起混亂或像南斯拉夫一樣引起戰亂，拒絕再回到毛澤東固執的「一窮二白」的貧困烏托邦中。這是歷史的教訓，是學習效果。

因此鄧小平以後的中國，經濟將會持續開放，政治也會維持安定，大約在十年內，經濟政治會並行均衡地發展，雖然會有若干動搖，但對中國發展的大局應該不至於有太大的影響。

儘管如此，在經濟上謳歌繁榮的東部沿海地區，以及因貧困而痛苦的內陸農村地方，還有各自追求利益的諸侯割據，除了鄧小平外，沒有任何壓制力量的失去統帥權者的解放軍，軍事政變的可能性，都仍然存在著。而在政治方面，執著於社會主義經濟的代名詞計畫統制體制的「左派」復古潮流，以及認為多元化的市場原理不只是在經濟方面，在政治面也必須擴大進行的反共產黨的「右派」民主潮流的兩極危險，依然存在。

大老鄧小平的變數

本書就是打算預測這個難以預測的「失去鄧小平的中國」之狀況。預測的線索就是「擁有鄧小平的中國」。也就是說鄧小平本身就是一個統一的中國，大老鄧小平的劇情必須以中國的政治、經濟、社會、軍事與國際環境等為主要變數來編排，而各變數必須透過現狀分析，設定一些條件。

例如，政治變數方面，以失去鄧小平為主，至少必須考慮五個前提條件。第一個條件是，不具有能夠確保中國統合的魅力人物存在。鄧小平自己也承認，像他這樣的領導者個人的存在，是關係「天下安危」的狀況，而這狀況無法完全消除。鄧小平被稱做改革、開放的「總設計師」，關於天安門事件的處理，他自詡地說：「幸好有我在，所以處理起來並不困難。」（《鄧小平文選》第三卷，人民出版社，一九九三年）

想要再出現像鄧小平這樣的魅力人物，必須花上一段時間，在出現之前，自然是維持某種集團領導體制。鄧小平假設這種事態，而指定江澤民嘗試後繼體制的鞏固。在一九九四年九月末的四中全會，他宣布：「繼承作業已經完成。」

江澤民是國家主席、黨總書記、中央軍事委員會主席，在制度上獨占國家、黨、軍三方權力。從上海的地方領導者就任總書記以來，已經進入第六年，上海時代的部下大都受他拔擢至中央。可以說是中央政權的上海政權化。對於幾乎沒有關係的軍人，他大量升格為將官，以確保忠誠，在實態面鞏固自己的權力基礎。其結果，當鄧小平不在後的一定期間，也許這個體制就能維持政治的安定。

但是此一江澤民體制也有可能短命而終。理由之一是，這個後繼體制以鄧小平的強力後盾為前提而形成的，一旦他不在了，是否能夠持續下去，的確令人感到懷疑。另外一點就是政權的派系化，許多集團的支持對於必要的過渡期的政權而言是最惡劣的發展。但是廣東省等有力的地方領導者，拒絕進入中央政治局及中央書記處，因此只能夠選擇上海政權化的方式。

但是江澤民依舊是最高領導者集團黨政治局常務委員會七名成員的帶頭者，但他不像是毛澤東、鄧小平那樣在制度上擁有超制度權威、權力的魅力人物。其他六個人以經歷和年齡而言，都具有後繼者的資格，各自以掌握立法權的全國人民代表大會（喬石）、政治協商會議（李瑞環）、掌握行政權的國務院（李鵬、朱鎔基）、掌握軍隊統帥權的中央軍事委員會（劉華清）、掌握共產黨實質權力中樞的書記處（胡錦濤）當成自己的權力基礎，爭奪後繼者的地位，賣弄合縱連橫的伎倆。如果中國與共產黨的歷史傳統不改變，則為了成為囊括權力與權威的領導者，必然會引發激烈的權力糾紛。至少鄧小平不在後一、二年內，七人中有幾人會垮台。

第二個條件是，必須改變共產黨支配體制。共產黨政權本身自一九七八年末以來推進改革、開放的結果，擁有權力的地方自立化傾向增強，而中央的權威相對減弱。江澤民進行中央政權的上海政權化，當然會引起廣東等其他地方的反彈。而競爭原理轉移到機能市場經濟的結果，擴大經濟的差距，產生利益集團多元化的社會變動。經濟的不均衡發展，加深勞工與農民的不滿。而共產黨一味進行中央集權一元領導的強化，當然無法符合多樣化國民的要求。

建國以來四十五年，一直居於政權黨的寶座，共產黨已經形成構造疲勞的狀態。黨員的平均年齡從一九五七年的三十四歲開始，現在已將近五十歲。特權化的問題非常嚴重，而黨內也提出警告，認為腐敗會導致政權的自毀作用。

江澤民的後繼體制或現體制要存續下去，一方面在經濟上要承襲推進改革、開放的鄧小平路線，另一方面在政治上對於執著共產黨獨裁的鄧小平路線，一定要做部分的否定。例如，在不久的將來，對於被否定為「反革命暴動」的天安門事件的評價，需要重新評估。依再評價內容的決定，因為天安門事件而下台的趙紫陽有可能復權，也可能出現期待他能發揮如鄧小平般作用的事態。

第三個條件是，雖然統治能力有問題，但目前尚未出現足以取代共產黨的政治勢力。共產黨從一九九〇年開始，三年內增加七百萬人，現在有五千五百萬黨員，非共產黨勢力的民主諸黨派，不過四十萬人而已。正如鄧小平所言：「問題全都是由共產黨內部產生的。」所以，包括民主化在內，負責政治體制改變的關鍵人物，當然也來自共產黨內部。

安定能夠持續至何時

第四個條件是，由於歷史悠久、規模龐大，完全不符合他國經驗的中國本身的特殊性。在歷史面或是規模面而言，中國自成一個世界，這就是很難預測中國政治今後發展的最大理由。的確，經濟發展迂迴曲折，卻能長期持續下去。都市化亦不斷進步，在二十一世紀的最初十年內，都市人口占一半以上，而不斷成長的中間階層，在社會變動上也具有極大的作用。教育普及，民主化的可能性增大，但是仍然有七億以上的農村人口，想要縮短與都市間的差距根本是不可能的。

人口占壓倒性多數的農民，以某種意義來說，一直支撐著停滯的王朝中國的歷史。像這種中國歷史的連續性，在展望今後的中國時，當然得視為要素，不容忽視。但在同時，中國史非連續的側面也不容輕視。近代中國史上，成為政治體制的專制王朝，名義上已經消失，袁世凱等軍閥嘗試復活帝制，但短期間內即宣告結束。不論是國民黨或共產黨，標榜共和、民主的政治體制的事實非常重要。而今國民黨撤退到台灣，名實上都已經建立民主制度；而在中國大陸，不論內部實際情形如何，共產黨都無法否認民主制度是時代不可避免的潮流。

當然，以歷史的連續性而言，中國一方面標榜民主，一方面致力於「定一尊」化。但在觀察鄧小平的政治時，會發現他也是標榜著民主，同時注意到與數千年中國史斷絕了一百五十年的中國近代史中的歷史連續性。今後的中國政治表面上是受到鄧小平以後的政治與經濟的影響，但是深層部分則是由伴隨改革、開放造成社會變動的衆人意識與行動變化來決定的。

最後條件則是，逐漸國際化的中國所承受的國際社會壓力。中國近代史是由包括日本在內的西洋列強侵略揭開的，建國以後的新中國在多方面打著「自力更生」的口號而封鎖國家。但在改革、開放之後，這十六年來以經濟為主，一氣呵成地發展開放化。在經濟方面，對外依賴度（GNP中所占的對外貿易總額的比率）達四〇％，中國已被納入國際經濟的範疇中。

對外開放不只是經濟方面，各種情報亦由海外傳入，不僅是知識分子，連一般國民也能夠了解，已經不再是昔日「毛澤東思想」一種意識形態能夠控制的。鄧小平自己在一九八九年也承認：「國際大氣候的波動是無可避免的。」

隨著中國經濟的發展，中國的動向對國際社會的影響也很大。希望中國安定發展的國際關心度也提高了。當中國想要持續現在的發展時，如果考慮到光走這條路是否能確保在現體制上得到國民的支持、同意而需做選擇時，就無法全面忽視具有國際社會共通價值的市場經濟，自由及民主主義。

在這些條件下刻劃出的「失去鄧小平的中國」的政治，即使目前以江澤民為主維持後繼體制，卻是很難確保安定、團結。也許再過二、三年或不用那麼久，在水面下就已經展開想要成為真正後繼者的殘酷權力鬥爭，甚至可能公然化。這種情形與經濟的動向、差距擴大伴隨產生之社會不滿的爆發等，會產生連動作用，使得中央政權的統治能力顯著降低，政治的不安定可能波及全國。這些可能性都是不容否定的。

這時，由共產黨維持中央政權的重要因素就在於解放軍的動向。無論是江澤民或其他領導者，軍隊會統合起來支持中央政權，還是各自分散支持地方，可以決定統一中國的命運。

總之，在短期內能保持安定，也具有中長期安定的可能性，但是得加以克服的障礙卻很多，這條路險阻難行。

第一章　鄧小平不在的現實

——即將開始的權力糾紛

鄧小平威信的降低

一九九五年一月三十一日是農曆止月的春節。按照自一九八八年以來的慣例，鄧小平會在除夕夜出現上海，訴說一年大計，但是這年並未出現。

在春節前，包括江澤民在內的黨中央政治局常務委員的七人，會到處拜訪「老同志」，祝福對方健康長壽。而鄧小平等「老同志」們則是——

「表明全國人民在以江澤民同志為核心的黨中央領導下，在建設具有改革、開放與中國特色的社會主義事業上得到大成果，衷心表示喜悅，拜託江澤民同志等人向全國各民族人民表示慶賀。」

並未明記會見時日和場所，也沒有發表接受祝賀的鄧小平等人的照片。雖然在一開始就列出鄧小平的名字，但是不像前年一樣對向鄧小平祝賀做特別報導，只和陳雲等其他七位長老一起報導出來而已。接受祝賀的「老同志」分別是鄧小平、陳雲、彭真、萬里、宋平、薄一波和宋任窮。而在前國家主席楊尚昆停留的廣東，由黨中央委員會委託謝非（政治局委員兼廣東省黨委書記）前去慰問。這八人現在是中國的「八老治國」。然而堪稱鄧小平競爭對手的陳雲，於一九九五年四月十日死了。看來「八老治國」的平衡已經崩解。

自一九九四年農曆除夕夜播出鄧小平的衰老姿態後，九五年更是消聲匿跡（沒有出面），不論內外都了解到鄧小平時代已經開始結束。雖說開始結束，可是不代表鄧小平時代已完全結束，新時代展開。

這是因為新時代的到來「還有更重要的問題，也就是說在接棒人問題上」，包括鄧小平的繼承與否定這兩方面，必須總括鄧小平時代來探討。

在鄧小平時代，「堅持（繼承）」毛澤東思想，但同時又藉著「發展（否定）」建立「鄧小平理論」。毛澤東曾對被選為後繼者的華國鋒說：「只要有你，我就安心了。」藉著毛澤東的保證，使他鞏固後繼者的地位。但是最後寶座卻落在嘗試否定毛澤東繼承者的鄧小平手中。

被鄧小平選為後繼者的江澤民，為了確保後繼的正統性必須繼承鄧小平，可是為了確保超越鄧小平的新時代領導者之地位，又必須否定鄧小平。江澤民會落得華國鋒的下場，還是成為新的鄧小平，或是成為完全不同的領導者，結論就是今後必須進行鄧小平時代的總括（繼承與否定）。

現在鄧小平的威信還很大，而以這個「堅持」為主，無法踏入真正的「發展（否定）」，但是徵兆已開始浮現。鄧小平的肉體衰退，以及迫在眉睫的死亡陰影，使得一九九二年的「南巡講話」以來一直被壓抑的政策爭論和權力糾紛再點燃戰火。這是因為鄧小平的不在，成為領導者內部的共識，也證明他的威信已開始降低。

錯綜複雜的鄧小平動靜情報

我們之所以有這種感覺，是因為包括鄧小平的動靜在內，一九九五年農曆春節前後出現許多錯綜複雜的正式、非正式情報。很多情報未經確認，缺乏可信度，但是也許可視為與鄧小平以後的政治意圖情報操作的一部分相連的情報。

情報包括由『人民日報』等官方報導機構傳出來的消息，領導者、外交部發言人的發言或鄧小平親人的發言，香港、日本等海外大衆傳播媒體報導的領導者或鄧小平親人及「中國通」、「權威人士」的非正式發言等。即使是領導者、外交部發言人或親人的發言，有的是經由官方報導機構傳達，有的則是私下發言。發言內容及報導內容並不見得一致，也表現出鄧小平以後的政治意圖各有不同。

始作俑者應推鄧小平的三女鄧榕在接受『紐約時報』（一月十三日）訪問時所做的發言。在八十分鐘的訪問中，她說到父親的死期迫近。

「父親這幾個月更為衰老，現在已經站不起來了。但是他不住院，而待在北京自宅。他的健康日漸衰退。他必須明白自己已是九十歲的老人，隨時都可能離開這個世界。」

她的發言進一步證實鄧小平不久人世的傳聞。外交部發言人對於記者們詢問關於鄧榕發言的意見時，只能曖昧的回答：

「我不知道她是怎麽說的。也許問題出在翻譯上。」被問及鄧小平的健康狀態時，則說出「整體而言，身體不錯」及「畢竟他是九十歲高齡的老人」之語。

但是談及父親的健康狀態時，鄧榕卻修正自己先前的發言。接受『澳洲週刊』（一月二十八日號）訪問時，她說：「更正確地說，父親不像以前那麽健康。」「我想說的是，他逐漸衰老，但是並非『離死期不遠』了。」

她在農曆春節於北京自宅和家人共度佳節後，帶著預備到美國留學的女兒羊羊（十五歲），在二月三日出發前往法國。到二月二十一日為止，前後停留於法國和美國。她是為了宣傳她所寫的書《我的父親鄧小平》。停留巴黎和紐約時，她接受許多媒體的訪問，提及父親的健康。在巴黎時她說鄧小平「很有元氣地看報紙和電視，與孫子玩，過著規律正常的生活」，而在紐約時，她認為自己的發言遭到「曲解」，對於『紐約時報』表示「非常憤怒」。同時又說：「父親的健康狀態非常好，沒有生病。當然，九十歲的人不可能再像年輕人一樣。」而且說：「一家四代十七人，在春節時吹氣球，把氣球弄破，父親聽到這個聲音非常高興。」

不只對鄧小平的健康狀態做出發言的修正，在他的政治影響力方面，也起了微妙的變化。鄧榕在一月二十八日的『澳洲週刊』中，說明鄧小平自己認為：「我現在主要的任務就是維持健康。我只要活得有朝氣，就是我能給他們最大的支持。」

但在二月於巴黎接受訪問時，她說父親「已經退休」，「中國的命運交由新的領導團體掌握」。從巴黎抵達紐約以後，再次確認「中國第二世代的領導者到第三世代的領導者的繼承過程已經完成。因此希望各位的注意力能夠放在新的領導者身上，中國的前途與他們緊密結合。」並說：

「父親認為自己的任務已告完成，他是已經退休的老人。」

但是後來受到批評的『紐約時報』在報導中並未提及她後來的發言，而是先前未經修正的部分。此外，還有天安門事件等在鄧小平時代所進行的關於鄧小平評價等一連串問題。

關於天安門事件，鄧榕說：「父親當時認為除了採取這個措施外，別無選擇。他相信自己應該這麼做。如果不採取斷然的措施，恐怕對中國的將來會形成可怕的影響。」強調鄧小平在整個事件處理上的正常化。

但是她也說：「在處理暴動方面，中國沒有經驗，因而導致悲劇結果。不管是誰，都不希望出現這種結果。一般市民及軍隊，雙方面都有很多死者，其中幾個人死得非常慘。」而在事件的和解方面，她則說：「這是將來之領導者的責任，現在不知道。」至於一九五七年的反右派鬥爭，她感嘆道：「父親和毛澤東對於知識分子的處置都過於急躁。事實上這些人大都很善良。」對於鄧小平的評價由肯定轉為否定，這也是要注意的一點，也可以說是在鄧小平死後，為了一族能夠生存而做的發言。

有關『紐約時報』的訪問，中國並未加以報導。問題在於包括後來鄧榕的發言在內，關於鄧小平的動靜，在官方報導上也逐漸出現了。

『人民日報』等中央各報報導，春節前江澤民同志等人一起去慰問「老同志」。除此之外，『人民日報』在一月三十一日刊登鄧小平的雕刻照片，二月八日僅報導鄧榕所著的≪我的父親鄧小平≫的法文版發行，以及在巴黎舉行發行紀念典禮時，她的出席狀況而已。

而上海市的黨委報紙『解放日報』在一九九四年十月一日的國慶日，刊載鄧小平觀賞煙火的照片，同時也刊出鄧榕在巴黎和紐約的發言。內容則為「鄧小平的身體不錯」、「愉快地過年」等，仍然是以他的良好健康狀態為主，根本沒有談到完全退休或「新的領導團體」的繼承已告終了等話題。

雖然沒有官方的報導，但在上海，江澤民的前任上海市長、與他關係密切的海協會會長汪道涵，以及在一九九四年九月被追加選任為政治局委員的上海黨委書記兼市長黃菊，對日本大眾傳播媒體則確認鄧小平「健康良好」。

中央並未報導鄧小平「健在」的情形，只有上海等地方報紙加以報導。關於鄧小平動靜的報導之間的差距，與「鄧小平以後」的發展有密切關係，與目前的情勢確認及政策也有關，反映出政權內部的不一致已經出現了。

上海與廣東權力糾紛的開始

政治局常務委員兼全人代常務委員長喬石的言語行動正說明了這一點。「二十字方針」（把握機會、深化改革、擴大開放、促進發展、保持安定）是視為一九九四年及九五年的「全體方針」。但是喬石本人卻沒有談及「保持安定」（『人民日報』一九九五年一月二十六日）。

從一月十九日到二十五日為止視察上海時，按照鄧小平的指示，認為浦東的開發、開放必須「加快（加速）」，只說要「把握機會、深化改革、擴大開放」，後來也僅附帶說明「大膽實踐，總括經驗」，「把握大局，多做實事」，卻未言及「保持安定」。

喬石曾擔任黨中央政法委員會書記、中央規律檢查委員會書記，現在他麾下的任建新（中央政法委書記）、尉健行（中央規律檢查委書記）身居要職，所以他在公安、司法及規律檢查部門仍有很大的影響力。而在討論反腐敗鬥爭之繼續問題的中央規律檢查委第五屆全體會議（一月二十日到二十三日）時，他卻缺席而去上海視察。在會議中，江澤民進行「重要講話」，除了出國訪問保加利亞和瑞士的朱鎔基，其他政治局常務委員（李鵬、李瑞環、劉華淸、胡錦濤）全部出席。

中央規律檢查委員會在一九九三年八月第二屆全體會議中決定反腐敗鬥爭的開始，據說「展現成果」，一九九四年二月召開第三屆全體會議，決定繼續反腐敗鬥爭。而在這次的第五屆會議中，再決定繼續反腐敗鬥爭。也許是因為反腐敗鬥爭根本沒有展現「成果」，或者考慮到其他問題才頻頻召開會議的吧。

「由黨和人民的要求來看反腐敗工作，還有不小的距離，一部分的工作並未充分實行，一部分消極的腐敗現象還沒有受到控制，尙無法滿足廣大群衆的要求。反腐敗鬥爭的任務依然非常重大，絕對不能掉以輕心。」江澤民的「重要講話」與會議溝通指出以上幾點。關於這次的反腐敗鬥爭，國務院積極進行，進入二月以後，從九三年八月的鬥爭決定到召集第三次的反腐敗工作會議，總理李鵬進行「重要演說」，指示「絕對不能夠因為地方、部門、小團體的利益而做出損及全局利益的行為。」會議是由朱鎔基的前任，在九一年七月被除去人民銀行行長職務的國務委員李貴鮮主持。

楊尙昆的動態也非常微妙。他在一九九四年十二月三十日到一月十五日為止，停留在廣東省的深圳特區。他曾說：「深圳特區的建設是鄧小平同志的卓見。」「鄧小平同志在廣東所進行的任務，二十年內就能夠趕上亞洲ＮＩＥＳ」，並指示「加速發展」。

的指導體制

改革派 →

◎喬石
公安・司法關係
○尉健行（黨中央規律檢查委書記）
☆任建新（最高人民法院院長）
陶駟駒（公安部部長）
黨・政府關係
○錢其琛（外交部部長）
李淑錚（黨對外連絡部部長）
朱良（前黨對外連絡部部長）
吳學謙（前外交部部長）

◎朱鎔基
戴相龍（人民銀行副行長）
朱小華（人民銀行副行長）
周小川（人民銀行副行長）

長老
◇彭真（前全人代常務委員長）
王漢斌（全人代常務副委員長）
彭珮雲（國家計畫生育委主任）

◎李瑞環
○田紀雲（全人代常務副委員長）
◆胡啓立（電子工業部部長）

◎胡錦濤
溫家寶（書記處書記）
王兆國（黨統一戰線部部長）

長老
○萬里（前全人代常務委員長）
○薄一波（前黨中央顧問委副主任）

◇楊尙昆（前中央軍事委副主席）
○楊白冰（前中央軍事委秘書長）
○謝非（廣東省黨委書記）
葉選平（政治協商會議副主席）

◆趙紫陽（前黨總書記）

圖1-1　鄧小平以後

保守派 ←

（鄧小平）

○丁關根（書記處書記）
　王瑞林（鄧小平辦公室主任）

◎江澤民

上海閥
○吳邦國（書記處書記・副總理）
○黃菊（上海市黨委書記）
　曾慶紅（黨中央辦公廳主任）
　巴忠倓（人民武裝警察總隊司令員）
　龔心瀚（黨宣傳部副部長）
　王立平（公安部副部長）
　劉吉（社會科學副院長）
　周瑞全（人民日報副編輯長）
　汪道涵（海峽兩岸關係協會會長）

山東閥
○李嵐清（副總理）
○姜春雲（書記處書記・副總理）
　張全景（黨組織部部長）

◎李鵬

○李鐵映（國家經濟體制改革委主任）
○陳希同（北京市黨委書記）
○鄒家華（副總理）
　李貴鮮（國務委員）
　羅幹（國務委員・國務院秘書長）
　袁木（國務院研究室主任）

長老

◆宋平（前組織部部長）
◇宋任窮（前黨中央顧問委副主任）
　陳元（人民銀行副行長）

◎劉華清

張震（中央軍事委副主席）
遲浩田（國防部部長）
張萬年（總參謀長）
于永波（總政治部主任）
傅全有（總後勤部部長）

◎：政治局常務委員
○：政治局委員
☆：書記處書記
◆：前政治局常務委員
◇：前政治局委員

『深圳特區報』以一整版的篇幅報導他的訪問，這令人想起在九二年「南巡講話」時有關鄧小平訪問的豪華處理方式。

楊尚昆在春節時仍停留廣東，同時還有國家副主席榮毅仁。長老兼前黨政治局常務委員宋平在十二月二十日到一月二十四日，停留在廣東，而政治局常務委員兼中央軍事委副主席劉華清於二月九日到十三日停留廣東。劉華清和楊尚昆同樣的，稱讚鄧小平的「南巡講話」，「十分肯定」廣東與深圳的發展。

這些行為給人的印象就是，以楊尚昆為主，以廣東為立足點集結政治勢力。他們要對抗的是江澤民，還是上海呢？

廣東省的經濟成長率九四年為十八％，九五年的目標為十五％；對外貿易為六六•五％，達到七百八十億美元，約占整體的三三％。來自海外的直接投資，接近整體的三五％，而財政收入增加了二八•三％，為二百七十億元。

珠江三角洲和深圳都是推進廣東發展的中心地區，人口二千萬人，占廣東省人口的三分之一，GDP為七〇％，個人所得在一萬一千三百元以上。據說「展現倍受注目的成果」，但是同時也被指出「在發展中出現問題，逐日突出」（『光明日報』一九九五年一月十八日）。

例如，在三角洲四萬平方公里範圍內，九座機場有的已經完工，有的還在建設當中。像這種「惡性競爭，會大量浪費珠江三角洲有限的經濟資源，使得生態環境急速惡化」，「習慣競爭、追逐實利的珠江三角洲人，只知道自己的利益。要脫離這種狀態非常困難，如果沒有強力的行政措施做保證，則協調企畫無疑是畫餅充飢。」

只考慮當地的發展，容易形成地區分散的「諸侯經濟」弊端，應該加以克服，因此廣東省提出整個珠江三角洲地區的「協調發展」的新戰略構想。其基本按照慣例就是活用香港、澳門的資金、技術、人才及情報。國務院發展研究中心名譽主任馬洪也支持這個構想（『光明日報』一九九五年二月七日）。

他批評道：「最近流行一種見解，認為自上海浦東開放政策實施後，中國未來經濟發展中華南地方的地位有降低的傾向。」但是他說：「這種見解事實上並不正確。」藉著強化與香港、澳門、台灣地區的「經濟提攜及經濟協調」，包括廣東在內的華南（廣東、福建、海南、廣西）地方持續「高速成長」，能夠形成擁有「實力的強大華南經濟圈」。

一九八八年的「全面緊縮」的再評價

當然，上海與浦東的開放、開發戰略到現在仍深受肯定。

據說上海是為了縮小東部沿海與西部內陸地區差距的「空間結合點與先行區」，以上海為中心的「長江開發戰略的地位正式確立」。總理李鵬的智囊團之一，國務院研究室主任袁木由這個觀點，認為上海「要對全國有所貢獻，而得到全國的支持」，因此必須實行「中華牌」。所謂「中華牌」並不是傾向國外，而是注重國內經濟的提攜（『解放日報』一九九四年十二月二十八日）。

對上海的評價力點是對國內經濟發展的貢獻，由這觀點來看，與香港等國外提攜為主的廣東和華南地方，就無法得到全面的肯定評價。這些國內微妙意見的差距，在九五年的經濟政策方面，也以通貨膨脹政策和國有企業改革為主而逐漸表面化。

一九九四年的經濟成長率為十一・八%，持續三年的高度成長。世界經濟的平均成長率只有三%，同時也遠超過據說成長非常顯著的亞洲地區平均成長率八%。但是除了高度成長，也出現所謂「經濟過熱」的現象，主要要因就是投資異常膨脹。投資發展率在九二年為四二・六%，九三年為五〇・六%，九四年卻只有二八・五%。因此副總理朱鎔基才會指出「實現軟著陸」。

可是並不是說就沒有問題。根據江澤民的說法，所謂「困難與問題」是「農業基礎比較脆弱，一部分國有企業的生產經營困難，若干地方的社會治安狀況並不好，物價上升幅度極大，反腐敗任務更為艱巨。」因此，在一九九五年經濟工作上，重點擺在通貨膨脹的抑制、農業基礎地位的強化及國有企業改革的深化。

這些都不是能夠簡單達成的任務。一九九四年的通貨膨脹，自改革、開放以來，在十六年內達到最大。年初的政府目標為一〇％，但消費者物價上升率卻達到二四・二％，零售物價上升率達到二一・七％。

通貨膨脹要因有很多，皆非能輕易解決的問題。例如，先前說過的固定資產投資異常膨脹就是其中之一。即使能達到若干程度的抑制，卻遠超過九四年初政府目標的一〇％大關，而上升為二八・五％，顯示整個社會的需要與支付能力的通貨供給量（M_2）在年末上升為三四・四％，遠超過正常的發展幅度。九五年投資發展率抑制在二〇％左右，採取抑制新型計畫的方針。但是「三角債（企業間的債務）」達到六千億元，遠超過九一年成為大問題的二千五百億元。

抑制通貨膨脹的手段是「宏觀經濟動向控制的改善與強化」，卻無法實現。為了有效發揮機能，必須認真實施金融、財政、稅務等體制改革，但是目前才在著手階段。從一九八八年秋以後的「緊縮」，是利用行政手段進行「緊急煞車」，卻被批評招致八九年以後的「經濟過冷」現象。

但是目前在附帶「適度緊縮」的條件下，對於「緊縮」是抑制通貨膨脹手段的價值再評估（『經濟日報』一九九五年一月十三日及『人民日報』一九九五年一月十六日）。從一九八八年開始到八九年的「全面緊縮」被批評為緊急煞車，而現在則被稱為「宏觀經濟政策」，認為只要實施就能「顯著抑制通貨膨脹」，甚至「雖然經濟發展的速度降低，但物價迅速下降的事實，證明適度的緊縮財政政策，在抑制通貨膨脹上，能發揮積極的作用。」

在一九九二年春天的「南巡講話」中，鄧小平批評此一「全面緊縮」是造成八九年到九一年低速成長的元凶，認為到八八年為止的高速成長，是九二年以後的高速成長的出發點，給予極高的評價。現在這個評價很可能再逆轉。

無法前進的國有企業改革

國有企業的改革叫嚷已久，但遲遲無法進展。與非國有部門相比，國有企業的發展較遲緩，活力顯著不足。一九九四年十一月末赤字企業占國有企業整體的四一・四％，赤字額與前年相比增加二七・六％。這種國有企業在中國依然是「國民經濟的物質基礎」。國有企業的工業生產額占工業生產整體的近五〇％，中央政府獲得的利潤、稅金占工業企業整體的六六％。

對於經濟持續的穩定發展而言，國有企業的改革是重要的前提條件。因此以「現代企業制度」的確立為目標的國有企業改革，成為一九九五年的改革重點。對於嚴重的赤字企業，政府不像以往那樣進行財政填補，而依照現存的破產法規定，命令他們宣告破產。必須賣給外國資本，或者利用股份化而促進民營化。

部分企業的確嘗試這種方法，可是並非完全滲透到所有的國有企業改革中。一九九五年，只有一百家公司進行「現代企業制度」的「實驗」。

全國的國有企業，大大小小統計有七萬一千家，形成社會主義經濟的根幹部分，而國有企業具有緩和社會不安的作用。改革對於國有企業旗下的一億名勞工的生活，當然會造成直接影響。根據正式統計，一九九四年都市失業率為二・六％（四百萬人），然而實際上卻更多。「富有人員（企業內失業者）」占國有企業勞工整體的十二％，據說為一千萬人以上。遼寧省超過十九％，部分地方超過三〇％。企業改革真正的開始，如果沒事先做好轉業的準備，就會造成國有企業內一千萬名勞工失業。

因此，有些人認為必須暫時停止改革，袁木就是其中一人（『人民日報』一九九五年一月二十八日及『經濟日報』一九九五年二月七日）。他在『人民日報』上發表有關國有企業改革的長篇論文，雖然沒有否定改革，但是強調應慎重其事。基於「以公有制為主體，是無法動搖的根本原則」的立場，反對將國有企業「視為包袱，全面否定」。

這篇論文「基於讀者的意見，進行若干補充與修正」，而後發表於『經濟日報』。強調國有企業數十年來「累積許多好的經驗」，並追加「兩參一改三結合」或「三基工作」等具體事例。

前者是在一九五八年的大躍進中所產生的企業管理方式，以幹部、技術者與勞工「三結合」的管理方式，在文革中多所宣傳。後者則是六〇年代的工業典範大慶油田護送船團方式經營。袁木主張這些方法「受到部分先進國家重視，並加以參照、吸收。我們如何能夠捨去呢？」

據說「今年經濟改革深化的重點在於國有企業的改革」，但到目前為止，事實上僅止於「實驗」程度而已。江澤民在一九九四年九月從上海拔擢政治局委員吳邦國擔任中央書記處書記，這個人強調在「實驗」方面，必須採取「一起進行的方式或是一刀兩斷的方式」（『人民日報』一九九五年一月三十一日）。可能江澤民和李鵬之間已經成立某種共同戰線，因而形成奇妙的一致。

想要超越鄧小平的江澤民

根據官方報導，不能凸顯出內部政權的不一致。在一九九五年的「最重要」「領導思想」中，仍然強調「統一思想、總攬全局、強化協調、實行工作」。『人民日報』對於「領導思想」的說明，則是從一月十六日開始，連續四天刊載評論員的文章，指示在「以江澤民同志為主的黨中央領導下」，要「保持中央思想、政治的一致，自覺性地擁護中央的權威」。

包括李鵬在內的領導群，一致談及「以江澤民同志為核心的黨中央的領導」。而江澤民在一月的中央規律檢查委員會第五屆全體會議，及全國宣傳部長會議參加者的座談會，以及春節相關的慶典中都曾出席，成為「核心」的最高領導者，重複進行「重要講話」。

特別值得注意的是，慶祝一月三十日的新春茶會中公開發表的對台八項提案。和以往一樣的，無法捨棄對於台灣內部的分離傾向與獨立活動的活潑化，或外國勢力介入台灣問題的強化，所提出的警戒。堅持「一個中國」的原則，明確主張反對台灣獨立。並不放棄行使武力，也不改台灣一直拒絕的「一國兩制」原則。

在江澤民的八項提案中表明，行使武力「絕對不是為了懲治台灣同胞」，而且說「中國人不打中國人」。仍以共通的「中華文化」為「重要基礎」，希望能夠正式終結兩岸的敵對狀態，所有問題皆可進行交涉，提出以「相互訪問，到各地觀摩」的建議，希望兩岸領導者能相互訪問與協議。

鄧小平在一九八九年五月十六日會見當時蘇聯的共產黨書記長戈巴契夫時，曾說：「在我的一生中殘留的問題便是台灣問題。可能我看不到解決這個問題的時候了。」江澤民的八項提案，不管實際上是否能夠解決問題，總之，他還是希望能夠解決鄧小平已經放棄，認為「看不到解決時刻」的問題。

在提案後連續幾天，黨中央台灣工作辦公室、國務院台灣事務辦公室及海協會等負責台灣問題的部門，以及政治協商會議的統一聯誼會、民主黨派國民黨革命委員會與台灣民主自治聯盟、中國和平統一促進會等大衆團體和知識份子，全部動員，展開提案支持的宣傳活動。總理李鵬前往視察鄰近台灣的福建省，並且稱讚江澤民的提案充分表現出願與台灣當局「交涉的誠意」。

據說江八點對「中國統一的早期實現具有深切的影響」。在形式上，這個提案已超越鄧小平，但是江澤民體制是否已經鞏固到足以達成這個理想，或者只是必須擺明這種姿態，才能掩飾其成為「核心」後繼者脆弱的立場，這就不得而知了。

這個答案藉著台灣方面的對應及日後中台之間交涉的演變而獲得明確的回答。以某種意義而言，這個提案是中國方面被迫做出的選擇。

台灣居民的「台灣認同感」極強，而中國方面也承認台灣脫離大陸的「分離傾向很強」。一九九五年末，台灣舉行立委選舉，九六年三月由民衆直接選出合法的總統，屆時國際社會對這個已經自立的「政治實體」台灣，很難再不加認。因此，中國方面所剩的時間不多了。

如果提案有成果，江澤民就能超越鄧小平，配合台灣方面的對立，形式上不捨棄「一個中國」的原則，但是實際上中國方面不得不提出妥協策略，承認中台關係的現實狀況。因此是否能夠辦到這一點，關係著江澤民體制的將來。

在提案前後，台灣方面對中國大陸的交涉非常慎重。一九九四年一月二十七日，未達成協議的海峽兩岸準領導階層的第三次會談，李登輝總統對於與大陸方面的交涉曾表示：「即使花上百年的時間也不要緊。只要一百次中有一次成功就可以了。」並說：「會談的重點是要維持國家的尊嚴。」並未期待交涉有迅速的進展。國民黨秘書長許水德針對江八點則批評「不具有對等政治實體的表現」。

但到了二月三日，李登輝總統對於江澤民提案則說：「是非常重要的事，必須重視。」指示相關者要充分的研究、檢討應對策略。這是見於『人民日報』的報導。

二月八日，李登輝總統指出鄧小平的過渡期之困難性，認為兩岸應該「維持安定關係，避免不愉快的事態」，採取更為慎重的姿態。從這段回答中，似乎無法看出江澤民是否能夠成為獨立的最高領導者。

第二章

失去鄧小平的中國

——明天開始的發展

自信與不安複雜交錯

現在中國的領導群對中國的現狀與將來，可能已經陷入一種自信與不安交錯的複雜心境中。

「中國創造出世界史上最大的市場及難能可貴的機會」，「成為亞太地區經濟成長的動力源」。「中國已經取代美國、日本，成為亞太地區經濟成長的主要動力。亞太地區的經濟互助組織，若無中國參加的話，其規模與影響受到限制。」「中國是東亞發展的機車」，「東亞具有在二〇〇〇年成為世界經濟成長『主要一極』的潛在力，關鍵就在於中國的成功。」（『世界知識』一九九四年第二十一期）

這些都是受到最近中國經濟顯著發展而觸發的對中國的將來有極高評價的國際論調。中國領導者本身也積極接受這些極高的評價，明白表示對本國國際地位的自信，展望光明的未來。國家主席江澤民說：「安定、繁榮的中國是擁護世界和平與亞太地區安定的堅固力量」，「世界與亞太地區的經濟，藉著中國經濟的發展、繁榮而得到利益。」（『人民日報』一九九四年十一月十六日）

總理李鵬也說：「在變幻莫測、經濟不景氣的國際環境中，只有偉大的社會主義祖國經濟發展、政治安定、民族團結、社會進步，高高地屹立於世界的東方。」（『人民

日報』一九九四年三月二十四日）

最大的成果無庸置疑就是顯著的經濟發展。經濟成長率一九九二年為十三・二％，九三年為十三・四％，九四年為十一・八％。對中國政權而言，這的確是強大的自信力量。

在美元與匯率方面，GDP為四千五百億美元，只是第八位，個人所得為四百美元。但是以購買力平價（日用品費等人民幣的國內購買力）來計算的話，九三年時已超過日本，僅次於美國占第二位。而個人所得，也與東南亞的泰國、馬來西亞並駕齊驅，達到一千七百美元。以此計算的話，中國到了二〇〇九年，將會超過美國，成為世界第一的經濟大國。

這些「樂觀的評價與預測」，是由世界銀行與IMF等國際機構提出來的。總理李鵬則一概加以否認，認為「評價與預測和現實不符」，但是同時對於這些「評價與預測」，他很有自信地表示「顯示世界還是承認中國的成果」（『人民日報』海外版一九九四年一月四日）。

在自信的表現上他還說：「中國現在正迎向罕見的歷史發展期。」「乘勝追擊，加速改革、加速發展。」（『人民日報』一九九四年一月一日及一月二十七日）

雖然有自信，乃表現出不安的一面。國家主席江澤民認為今後「任務更為艱巨，波及面極廣，會出現很多新狀況、新問題及新困難。」並說：「在前進中仍有若干困難與問題存在。」（『人民日報』一九九四年一月二日及九五年一月二日）。因為發展會「造成強烈的衝擊」，「衝擊會擴散至經濟、政治、文化、社會生活等廣大領域，波及各地區、部門、單位的活動面」，「如果沒好好地處理，恐會引起社會混亂」（『人民日報』一九九三年十二月二十九日）。

如果沒有正確地處理，也許這個「罕見的歷史發展期」會成為「罕見的歷史激動期」。因此在一九九四年「大局（整體方針）」方面，在以往的「把握機會、深化改革、擴大開放、促進發展」外，又追加了久不曾出現的「確保安定」的說法。加上了「確保安定」的「大局」，在九五年成為「不可動搖、應該遵守的整體方針」（『人民日報』社論一九九五年一月一日）。在經濟方面，設定在九五年的成長率為八～九％，非常的低，強調的不再是「快速成長」而是「安定成長」。

自信與不安如雙刃刀，造成的要因與背景是相同的。也就是說從一九七八年末以來十六年內改革、開放與經濟發展的成果增加了自信，但成果也加深不安。尤其是八九年天安門事件後，「內有困難、外有壓力」的狀況需要克服，九二年以後再進行真正的深化改革與擴大開放、經濟發展的加速化，而所形成的政治、經濟、社會的成果增加了自信，同時增加了新的矛盾，更加深不安。

鄧小平的魅力與中國的土壤

成果與矛盾在政治面，全都凝聚於鄧小平強力領導能力及他不久人世的陰影中。

天安門事件後克服「內有困難，外有壓力」的狀況，發揮極大影響力的就是鄧小平強力的領導能力。鄧小平對於造成整個事件的民主化運動，由「動亂」發展為「反革命暴亂」，只好出動解放軍處理情況。事件後他也證實地說道：「慶幸有我在，處理起來並不困難。」（《鄧小平文選》第三卷，人民出版社，一九九三年）

事件後，中國對於民主化運動的處置和應對，就如共產黨總書記說（趙紫陽）被卸任的象徵一樣，面臨黨與國家分裂的危機。經濟方面，從以往的「過熱」現象緊急煞車，藉著「緊縮」政策而陷入「過冷」狀態中。西方諸國對中國經濟制裁及事件前後擴大的蘇聯、東歐社會主義的解體等國際潮流，使得中國被國際社會孤立。這就是「內有困難，外有壓力」的狀況。

鄧小平對於天安門事件這種「動亂」的再發，採取強烈的手段處理，對於會惹起再發的要素表明強烈決心「不論採取何種手段，都要迅速加以去除，將會頒布戒嚴令或採取更嚴重的措施。」表現這種嚴厲的姿態後，鄧小平指示「要壓倒一切，當務之急是確保安定」。以確保安定為最優先考慮，希望克服「內有困難，外有壓力」的狀況。

趙紫陽在事件後被解除職務，而由地方領導者（上海市黨委書記）江澤民擔任黨中央總書記。在經濟冷卻方面，再度呼籲改革、開放的真正再開始，一九九二年春天，果敢地視察經濟發展先進地區廣東及上海等南方，重複指示「兩個加速（改革、開放與經濟發展的加速）」，在全國掀起「加速的熱潮」。

對外則重視與亞洲周邊諸國的關係改善，展開全方位外交，其成果就是改善與西方諸國的關係。最後，與美國的關係也在一九九三年十一月國總統柯林頓與中共國家主席江澤民的高峰會議中，掌握到修復的關鍵。到目前為止，已經大致克服「內有困難，外有壓力」的狀況。

總之，這一切是藉著鄧小平的強力領導力而達成的。

他自一九七七年七月第三度東山再起以來，並沒有眷戀黨主席、總書記等共產黨最高領導地位，而在八九年十一月也從中央軍事委員會主席的職位引退，真的是做到「完全退休」。儘管如此，為何鄧小平仍如太上皇一般，能夠發揮強勢的領導力呢？

這與他正式的地位無關，他可以說是具有魅力的最高領導者。而今他和孫文、毛澤東並稱為歷史上的「偉人」。「二十世紀出現了三位偉人——孫文、毛澤東、鄧小平。孫文是民主革命的先驅者，而中國共產黨所領導的中國人民的革命與建設的歷史中有二代偉人，就是毛澤東與鄧小平。」（『經濟日報』一九九三年十二月二十四日）

需要「偉人」存在，同時允許「偉人」存在，是中國政治的傳統土壤。將鄧小平視做「偉人」，原因是他個人的經歷及領導實績。前者以中國政治的傳統土壤而言，第一就是王朝期中國的傳統，是「人治」政治的存續。而在王朝期，在中央集權體制下，皇帝獨占權力與權威，而且這情形仍存在於現代中國。

毛澤東被視做「紅太陽」、「偉大的舵手」而受人崇拜，獨占權力與權威。他的繼任者就是鄧小平。

第二個能辦到的原因是，從中國共產黨的革命與建設的歷史中所產生的「解放獨裁」。俄國共產主義的前衛黨理論，將共產黨的獨裁視做無產階級獨裁的代行獨裁，使其正當化，而帶來史達林的個人獨裁。中國共產黨承襲了這種體質。在中國，代行獨裁藉著解放民族、解放飢餓的實現而使「解放獨裁」正當化。其象徵就是毛澤東，「解放獨裁」成為他個人的獨裁，甚至「推翻黨決定」的權限也握在他手中。鄧小平也承襲了這一點。

第三個可能原因是，改革、開放期登場的開發獨裁。目標為經濟發展的改革、開放不斷進步，以亞洲ＮＩＥＳ等當成典範，提起新權威主義論及新保守主義論。嘗試經由開發獨裁而使共產黨獨裁正當化，而這「開明的」條件在於對一位領導者權力集中的擁護。在一九八七年第十三期一中全會中，秘密決議「最重要的問題就在於由鄧小平同志掌舵」。

困難的魅力繼承

關於鄧小平的經歷與領導實績方面，首先必須指出他具有革命家、政治家的長久經歷。他是革命第一世代，擁有將近七十年的黨歷，是最古老的黨員。三次東山再起，擁有不屈不撓的經歷，除了他，其他領導者沒有這種經歷。天安門事件後「八老治國」，也就是說這些人能在中國生存，本身都具有影響力。一九九〇年十月鄧小平八十六歲時，曾說：「超過九十歲就是勝利。」

第二，身為領導者在長年的活動中所培養的人脈非常寬廣。在黨中央，革命時代擔任秘書長，建國以後擔任總書記，經常處於黨官僚機構的中樞，總括日常業務；在政府方面以經濟範圍為主，長時間擔任副總理的職務；在解放軍方面從總參謀長被拔擢為中央軍事委員會主席。總之，形成廣泛的鄧小平人脈。而毛澤東也承認「鄧小平是難得的人才」，因此即使失勢，他也能東山再起。

第三，就是多彩多姿的領導實績。其中之一就是在有「悲慘內亂」之稱的文革後，收拾混亂的實績。其二是在「第二革命」的改革、開放時，做為創業者的實績。在這項實績上，他被稱做改革、開放的「總設計師」。第三點就是他自己說：「我既不是改革派，也不是保守派。」而能夠平衡地調停政權內部的對立、糾紛的實績。他的立場一方面目標是經濟面的市場化，為「改革派」，但另一方面他又堅持政治面的的共產黨獨裁，為「保守派」。經常配合情勢，朝兩派的其中一派傾斜，確保政權的安定。藉著人民公社的解體及導入生產承包制，率先承認農村改革，命名深圳等為經濟特區，推進對外開放的腳步，這是鄧小平的作為；而另一方面以「反資本自由化」為由，促使自己所挑選的後繼者胡耀邦失勢，以武力處理天安門事件也是鄧小平。

第四點，就是在領導面確保毛澤東後繼者的地位，而在思想面也確保毛澤東思想繼承人的地位。這是藉著繼承與否定毛澤東與毛澤東思想而不斷前進的。毛澤東是現代中國革命與建國的創始者。「毛澤東思想」就是「將馬列主義的普通真理與中國革命具體實踐結合的」思想，定義為「馬克斯主義的中國化」。

鄧小平否定毛澤東晚年的文革等「三分錯誤」，卻繼承他的「七分功績」而加以發展，推進改革、開放。關於毛澤東思想方面，否定「不斷革命論」等「過錯」，而繼承、發展實事求是、大衆路線及獨立自主等，確立「具有中國特色的社會主義建議的鄧小平同志理論」。稱為「現代中國的馬克斯主義」，雖然沒有指名道姓，可是卻塡入黨規約與憲法的前文中；有人提出意見表示此一理論應該被稱為「鄧小平思想」，但是也有人提出異論，到此地步是鄧小平的「毛澤東化」的完成。

但在接近完成時，他的領導力也必須劃上休止符。中國政治的傳統土壤還是需要魅力人物，然而魅力領導的繼承卻非常困難。因這種魅力已與鄧小平的肉體一體化了。「鄧小平同志在黨內與人民心中具有崇高的威信，沒有任何人可取代他的威信。」（『半月談』一九八三年第二十一期）魅力僅賦予個人，只限於一代。

要確保缺乏魅力人物的政治安定系統卻更困難。因為想要培育魅力人物，中國政治的傳統土壤必須做改變。但是如後所述，到目前為止還沒有看到這種變化的徵兆。

「大起大落」的經濟循環

鄧小平意識到自己即將退出政治舞台，而且目標過渡期的安定轉移，爲此不遺餘力。首先在經濟面，加速改革、開放，固定經濟發展的加速化。第二在政治面，確立以江澤民為核心的後繼領導體制。

在經濟面，造成加速發展的關鍵是一九九二年春天的「南巡講話」。在此之前，由於以安定為最優先，改革、開放停滯，經濟成長大幅度減速。一九八九年為四％，在第四、四半期出現負成長，九〇年時上升為五・三％。鄧小平注意到這種低迷現象，擔心九〇年三月高度成長的亞洲經濟中，只有中國會被留下來，憂心這種「滑落」化，他指出「這不是經濟問題，而是政治問題。」

所謂「政治問題」就是因為他認識到經濟發展本身就是使共產黨獨裁體制正當性存

續的泉源。這個認識應該是在一九九一年末蘇聯解體之後而更加強。他認為蘇聯先行政治改革，再進行經濟改革，經濟露出了破綻，因此使共產黨支配的體制崩潰，國家解體。

鄧小平率直地讚許「對於社會主義的命運與前途抱持憂慮和懷疑」的人之存在，並說：「要說服不相信社會主義的人，最後就要依賴我們的發展才行。」只有靠經濟發展才能生存（『人民日報』一九九一年十一月三十日）。其具體的行動就是一九九二年春天的「南巡講話」。

他在改革、開放的先進地區，發展顯著的廣東和上海各處視察，一再強調「安定與協調是相對的，不是絕對的。發展才是絕對的道理。」「必須加速改革、開放。必須加速經濟發展。」「這一基本路線百年不動搖。」（《鄧小平文選》第三卷）這是從「安定」到「加速」優先的真正轉換。在他的授意下，全國捲起「加速的熱潮」。

發展的加速藉著改革深化使市場經濟體制的方向明確之後，而更爲促進加速。在此之前，中國的經濟是中央集權計畫、統制體制。在這體制下，正如「大鍋飯」所象徵的一直維持著分配的平均主義。但是隨著經濟改革的發展，轉移為市場經濟體制。在自由競爭原理之下進行地方分權，由於承認「先富後富」的部分優先富裕化，因此以生產力的發展為優先考慮。

所謂「社會主義市場經濟」的價格體制控制已完全撤廢，由於價格的自由化，以市場價格為主。在所有制構造方面，民營化急速發展，社會主義經濟的主體地位受到限制的國有企業，喪失了經濟的主導權。在經濟面，已經解脫社會主義的束縛。

藉著對外開放擴大下進行的外資，導入主導型的發展戰略而得以促進發展加速。這個戰略是與海外的華僑、華人結合而形成的。一九八〇年代的中國經濟，以地區而言集中在東部沿海地帶，以勞動集約型的產業為主而開始發展，其原動力是來自海外的資本與技術的導入。尤其在九二年開始，從海外到中國的直接投資急速增加。契約基礎方面，九二年一年就締造了相當過去十一年的總額，五百八十億美元的記錄。到了九三年更超過二倍以上，接近一千一百億美元。其中近七〇％來自香港，再加上台灣與東南亞諸國的投資，差不多八〇％都是華僑、華人資本。來自日本的投資，九三年差不多為二十億美元。

由於發展的加速，從一九九二年開始，連續三年達成十三％左右的高速成長。以長期的觀點來看，雖然迂迴曲折，卻能持續經濟的快速成長。與此同時，現在也可說是迎向轉機的時刻。建國四十年來的中國經濟構造上的問題仍未消失，不只如此，計畫經濟到市場經濟的體制轉換途中又發生新問題，由這意義來看，問題非常複雜。前者的問題是構造的「過熱—緊縮—過冷」的循環，而後者則是在改革途中的統制與市場兩種經濟構造的混亂所造成的「泡沫經濟」現象。

具體而言，首先就是固定資產投資的膨脹與非生產投資的偏差。而且投資並不是傾向於成長的瓶頸，而是朝向目標短期利益的投機性「炒作地皮、炒作股票、炒作債券、炒作外幣」。不動產投資在九二年增加一一〇％，九三年上半期增加二〇〇％。

第二點就是銀行的非法「資金調度」，形成「通貨腐敗」的經濟混亂。第三點是「通貨膨脹」的再燃，九三年消費者物價指數達到十四・五％，三十五座大中都市則增加十九・五％。

面對這種事態，政權在一九九三年六月末推出抑制過熱現象的對策。但是不像昔日藉著行政強行介入，採取緊急煞車的緊縮政策，而是強化市場構造、強化宏觀經濟限制，當成主要手段。實際的措施則是以改正金融秩序的混亂為主，依賴強制的行政手段。內容包括同年七月十五日限期購買國債比例的達成，八月十五日限期回收貸付資金，及國家機關行政費用壓縮二〇％和禁止外國車輛進口，同年下半年的物價改革凍結，由中央派遣的工作組進行限制實行的監督調查等。

採取這些措施不到兩個月內，就評估出現了初步的成果，但在這同時，不得不承認情勢險峻。例如，「宏觀經濟限制的強化」的金融緊縮，造成經濟大蕭條，暫停營業或臨時解僱勞工的企業持續出現。由於資金周轉的惡化，導致企業間債務累累，「三角債的幽靈」再度出現。

昔日「三角債」是由於企業的流動資金不足與庫存增加為主要原因。這次除此之外，還加上新的誘因。亦即不動產熱、股票熱、開發區熱時，銀行的資金由屬於各銀行的公司用來炒作不動產。但是由於中央下了金融秩序的整頓令，要求限期回收，事實上大部分的資金埋在地下，無法回收。結果資金不足，無法回收，銀行間形成相互無法支付金額的情形，是新的「三角債」原因之一。

在這種狀況下，新的矛盾與問題解決的根本活路就是改革的深化。為了提出具體的方法，一延再延的三中全會，終於在一九九三年十一月中旬召開。

以大中型為主的國有企業的活性化、金融體制的改革、對外貿易體制的改革、財務稅務體制的改革、農村工作、社會保障制度、教育、科學技術問題及精神文明等，都拿出來討論。在國有企業制度方面，所有權與財產權分離，將權限轉移給企業，藉此找出經營構造的活性化。這些改革都被稱做「短期間內實施」的改革。

關於改革的加速化，有些人提出異論，認為「操之過急」，在會議中展開激烈的爭論。而由過熱的鎮靜化造成的「過冷」，也令人憂慮，討論的焦點則是要恢復一〇%以上的高速成長，還是採用軟著陸的方式到九%左右的「適度」高速成長即可。

鄧小平並不贊成「適度高速成長的軟著陸」論調。江澤民在一九九三年十月，仍然指示「把握機會，加速發展，集中力量進行經濟建設」，確認鄧小平加速化的指示，同時說：「鄧小平同志再三強調『發展是絕對的道理』，這是絕對不變的。」又說：「我們擁有極大的責任感，應該維持國民經濟的高速成長。應該努力做出加速成長的條件。」

但是江澤民同樣引用鄧小平的發言說：「尊重客觀的法則，採取分相應的方法，以安全確實為旨，要避免損失，尤其是大損失。」迴避高速成長一面倒論。

在改革方面，雖然認為「既定的目標要大膽付諸實行」，但是也說，「關於還沒有決定好的目標」，只能「實驗」，而將重點置於「經驗的總括」。例如，為了宏觀經濟限制的改善、強化而提出的金融、財務稅務、計畫、投資體制等改革方面，認為「影響的範圍極大」及「在中央領導下，要有計畫的循序漸進」而表現得慎重。這種「短期間內實施」的方針並不相容。

高速成長的加速化路線是鄧小平提出的，無法輕易地否定它。一九九三年末，鄧小平依然強調「膽子不可太小！速度不可太慢！」（『九十年代』一九九四年四月號）

但是過熱鎮靜化半途而廢，直接回到「加速」，只會助長經濟混亂，對於鄧小平的計畫也會造成很大的影響。而政權忽略鄧小平的意向，從快速成長致力於轉換為安定成長。一九九四年的成長率抑制為九％，固定資產投資的增加也抑制為一〇％。

但是加速的熱潮不可能這麼簡單就壓抑下來。既然有鄧小平這面大旗存在，地方的反彈和抵抗也很強烈，認為「為什麼叫我們不要過熱？不要加速？」

事實上，一九九四年的成長率提昇為十一・八%，固定資產投資提升了三〇%弱。更加深矛盾與困難，也更難解決了。

江澤民體制的安定與不安定

目標是過渡期的安定轉移，鄧小平在政治面也積極地活動。拔擢江澤民，想要確立以他為「核心」的後繼領導體制。在一九八九年天安門事件剛過後的六月下旬召開的四中全會中，認為趙紫陽應對整件事負責，因而開除其黨籍，包括總書記在內，所有的職務都被解除。取而代之的是拔擢江澤民擔任總書記。

在四中全會之前，他就說：「領導團體需要有一個核心人物。」「第一世代的領導團體，核心人物是毛主席，而第二世代實際上是由我擔任核心。」因此「第三世代的領導團體也需要一位核心人物」。那個人就是「現在大家都同意的江澤民同志」，希望眾人能夠「同意」由江澤民擔任後繼者。

一九九〇年末，也說到「後繼領導體制已經鞏固」。但是體制真正的確立，卻是在一九九二年秋天的十四屆黨大會，與九三年春天的第八期全人代第一屆會議中。

第一點是改革優先與新舊交替的原則下，形成「以江澤民為核心的第三世代領導團體」。在十四屆黨大會中，政治局常務委員會的兩位保守派（姚依林與宋平）退休，朱

表2-1　中國共產黨的指導體制（黨14全大會：1992年10月）

中央政治局	姓　名（年齡）	選出時的現職（前職）
常務委員	江澤民（66）	總書記
	李　鵬（64）	總理
	喬　石（67）	（中央規律檢查委書記）
	李瑞環（58）	
	◎朱鎔基（64）	副總理（中央委員候補）
	◎劉華清（76）	中央軍事委副主席（顧問委）
	◎胡錦濤（49）	西藏自治區黨委書記
委　員	◇丁關根（63）	（政治局候補委員，書記）
	田紀雲（63）	副總理
	◎李嵐清（60）	對外經濟貿易部長
	李鐵映（56）	國家教育委主任
	◎楊白水（72）	（中央軍事委秘書長）
	◎吳邦國（51）	上海市黨委書記
	鄒家華（66）	國家計畫委主任
	◎陳希同（62）	北京市長
	◎姜春雲（64）	山東省黨委書記
	◎錢其琛（64）	外交部長
	◎尉健行（61）	黨中央規律檢查委書記
	◎謝　非（59）	廣東省黨委書記
	◎譚紹文（63）	天津市黨委書記（1993年逝世）
	◎黃　菊（56）	上海市長（1994年追加選出）
候補委員	◎溫家寶（50）	（書記候補）
	◎王漢斌（67）	全人代常務副委員長

中央書記處	姓　名（年齡）	任命時的現職（前職）
書　記	◎胡錦濤	
	丁關根	
	◎尉健行	
	◇溫家寶	
	◎任建新（67）	最高人民法院長
	◎吳邦國	（1994年追加任命）
	◎姜春雲	（1994年追加任命）

中央委員會（委員 189 人，候補 130人）
中央規律檢查委員會（108 人）
全國代表大會（代表 1,989人）
黨員（5,100萬人）

中央軍事委員會	姓　名（年齡）	任命時的現職（前職）
主　席	江澤民	
副主席	劉華清	
	◎張　震（78）	國防大學校長（顧問委）
委　員	遲浩田（63）	總參謀長
	◎張萬年（64）	濟南軍區司令員
	◎于永波（61）	總政治部副主任
	◎傅全有（62）	蘭州軍區司令員

◎：新任　◇：昇任
註：年齡是就任時（1992年10月）的年齡，只有黃菊是94年10月的年齡。
資料：『中國總覽1992年版』

鎔基從候補中央委員被拔擢，而胡錦濤也由中央委員被拔擢。政治局的十四人中有八人退休。取而代之的是在改革、開放上展現實績的廣東與上海等沿海地區的領導者，或是由國務院的優秀人才中選出的。中央委員會有半數退休，改革派大量進入其中。

做為保守派長老權力基礎的中央顧問委員會遭廢止，包括主任陳雲在內的長老領導者們幾乎全都被迫退休。國家主席楊尚昆、副主席王震也退休。以他們的支持為背景，在宣傳、示威部門能發揮影響力的保守派大都從政治局、中央委員會及中央機構被排擠下來。

第二點是，藉著黨一元領導的強化，致力於後繼體制的安定化。在全人代大會中，江澤民就任國家主席，獨占黨（總書記）、軍（中央軍事委員會主席）及國家三大權力。江澤民以外的政治局常務委員們，幾乎都兼任政府與國家機構的主要職務，從側面支持以江澤民為中心的一元化體制。成為國家權力最高機構全人代常務委員會委員長的喬石，而其諮詢機構中國人民政治協商會議全國委員會主席李瑞環，擁有最高行政權的國務院總理李鵬、副總理朱鎔基，以及實質上代行軍隊統帥權的中央軍事委員會副主席劉華清，皆身居要職。只有胡錦濤專心致力於黨務，實際負責黨中央的實務活動。

一九九四年九月的第十四期四中全會中，鄧小平宣布江澤民領導體制的「繼承作業已告終了」。在會議中最為強調的就是確保中央權威，服從中央。他說：「遵守中央的權威，就能強化黨的凝集力與戰鬥力。」個人要服從組織，少數服從多數，下級服從上級，組織與黨員服從全國代表大會及中央委員會，在這「四個服從」當中，他認爲「最重要的就是全黨服從中央」。同時一再強調中央權威由領導者個人發揮「核心」作用，「需要藉由實踐形成鞏固的中央領導團體，而此一領導團體必須成為核心。如果沒有這個領導團體與核心，則黨的事業無法勝利。」第二世代的中央領導團體的「核心」是鄧小平，而第三世代的中央領導團體的「核心」不用說就是江澤民了。強調四中全會意義的『人民日報』說：「全黨必須自覺性地擁護中央領導團體及團體的核心。」

會議還致力於鄧小平不在後，黨領導的制度化。其理由就是在政策方面「不能因領導者的變動而改變，不能因領導者的看法或關心的變化而改變。」

江澤民自一九八九年六月就任總書記以來，花了許多時間擴大其影響力。上海時代的側近團體，都受他拔擢擔任黨中央機構或國務院的要職，強化權力基礎。例如，上海市黨委副書記曾慶紅擔任黨中央辦公廳主任，而上海市黨委的機構報紙『解放日報』的副主編周瑞金擔任『人民日報』的副主編，曾任上海副市長的陳錦華擔任國家計畫委主任，市黨委副書記龔心瀚擔任中央宣傳部副部長，社會科學院副院長則拔擢上海經濟體制改革委員會主任的劉吉擔任。

周瑞金在一九九一年春天，以筆名皇甫平於『解放日報』上連續刊載鄧小平所期待的改革、開放的真正再開與倡導思想解放的一連串評論文章。在江澤民視為自己的後繼者上海市長汪道涵擔任市長時，陳錦華擔任副市長。

在一九九四年九月的四中全會中，任命上海市黨委書記吳邦國擔任書記處書記，市長黃菊被追加選為政治局委員。吳在四中全會後辭去上海市黨委書記的職務，由黃菊繼任。現在七位政治局常務委員當中，加上喬石、朱鎔基共有三人，也就是說政治局委員的五分之一由上海關係者所占據。在軍隊方面，鄧小平以後為了防範社會混亂而準備的治安部隊，以及防備黨中央領導者們之間的「宮廷改變」備妥的近衛師團，重要的六十萬兵力的人民武裝警察總隊的司令員，由江澤民擔任上海市長時代的上海警備區司令員，已經退休的舊識巴忠倓擔任，他從少將晉升為中將以後，回到現役工作。

江澤民獨占黨總書記、國家主席與中央軍事委員會主席三大權力，同時加上中央台灣工作小組在內，兼任掌握經濟政策最高決定權的中央財經領導小組的組長。為使獨占的最高職務能有效發揮機能，在實態方面利用側近團體鞏固權力基礎，為了防範社會不安的爆發及政變等不測事態，將六十萬兵力的治安部隊交由值得信賴的將軍統制。在解放軍方面，四十二位上將當中有二十五人是在九三年和九五年由他自己決定升格的，給予階級以確保他們的忠誠。而在人民武裝警察隊方面，不斷地重複階級晉升，九四年十月，有十五位由少將晉升為中將。

目前江澤民體制一直朝著強化的方向前進。而當鄧小平不在時，這個體制能維持到什麼程度，無人可以保證。因此，若說江澤民主導的後繼體制已經鞏固，未免言之過早。畢竟江澤民獨占權力，僅限於一代的魅力並不是從鄧小平那兒繼承來的。

就任黨中央軍事委主席以來，實施包括總參謀長、總政治部主任及總後勤部部長在內，七位大軍區司令員與政治委員等軍隊領導部的人事異動。重複對地方部隊的慰問與視察，以自己的名義拔擢許多將校晉升為將官階級，希望將自己的影響力滲透到軍隊內。但是階級無法買到忠誠，顯示出江澤民想要確立在軍隊內的統帥權尚言之過早。雖然中央領導部藉著上海集團而能夠鞏固，但是想要將中央政權當成是上海地方支配的政權，只會招致更多地方與部門的反彈與抵抗。

江澤民體制的鞏固在人事方面還有一些問題。首先就是黨與國家機構的領導部有部分仍未循新舊交替的原則實施人事調動。一九九二年的十四屆黨大會與九三年的全人代，將近八十歲的劉華清與張震回到現役工作，擔任中央軍事委副主席。張震是由顧問委員會回來的，而劉華清則是自八二年以來，以軍人的身份進入政治局常務委員會。

軍人進入中央委員會，在八七年的十三屆黨大會中占全體委員的十四％，這屆增加為二二％。楊尚昆辭去中央軍事委副主席的職務，其弟楊白冰擔任政治局委員，卻被排除軍事委秘書長的職務之外。因此，以往對軍隊頗有影響力的楊集團的地位產生了變動。包括一連串的軍隊人事問題在內，目標當然是希望能夠從側面支持在軍隊內沒有基礎的江澤民。但是軍長老的歸來，顯示他想要確保統帥權實在不易。

公安、司法關係的進入也非常明顯。監察部長尉健行被任命中央書記處書記及規律檢查委員會主任，最高人民法院院長任建新被任命書記，公安部長陶駒驅被選爲中央委員。在公安、司法部門，中央政法委員會主任喬石具有影響力，在政權內部的地位上升。同時天安門事件的動態也顯示出，希望能夠確保包括武裝警察部隊在內的公安部門的忠誠。

第二點就是與江澤民的權力獨占同時實施的共產黨一元領導的強化，本身卻蘊藏著領導部內權力分散的危險性。因黨領導者們為了支撐江澤民體制而兼任或負責軍、立法、行政、司法機構等國家機構的領導人，呈現出一種權力分散的狀態。他們都自認是鄧小平之後的後繼者，而將負責的部門當做爭奪後繼者寶座的權力資源。

第三點就是長老們被迫一起退休，天安門事件前後的「八老」中的李先念、王震、鄧穎超三人相繼逝世，剩下的陳雲、彭真、楊尙昆、薄一波和宋任窮五人，仍然執著於死守共產黨獨裁體制。獲得他們支持的保守派，將因發展的加速而使經濟「過熱」現象批評為「泡沫」，依然主張計畫、統制經濟的有效性。

第四點就是鄧小平不在的現實化成為政治的共識，而他的影響力正急速後退。

「鄧小平的身體還很健康，他仍然關心中國的建設事業。」「他的健康狀態良好，在家中過著正常的退休生活。氣候終於變暖了，他能夠在室外散步。」進入一九九四年後，鄧小平的孩子們每個月都會代替他表達父親健在的消息。可是越是如此表達，越令人對他的健康感到不安。進入九五年以後，已經無法散步三十分鐘，他的孩子不得不說：「父親畢竟已經九十歲了。隨時都有可能離開這個世界。」

儘管如此，江澤民還是很依賴鄧小平的威信。一九九三年出版《鄧小平文選》第三卷，大大展開其學習宣傳。九四年則將出版十年以上的鄧小平發言集再版為《文選》第一卷、第二卷，指示全黨黨員再學習「鄧小平理論」。

但是進入一九九四年後，鄧小平一年來所主張的「快速」成長論逐漸退燒，而開始強調「安定」，令人感覺他的影響力的確是日漸衰退。江澤民也說：「發展上擁有新思想，想要以經濟效率的提昇爲主轉換軌道，但是不得已還是要放慢生產速度，不能夠再走擴大投資規模的舊路了。」他不得不批判「快速成長」論（『光明日報』一九九四年五月十七日）。

第五點就是改革派占主流，但其內部卻有劇烈的意見對立與權力糾紛。隨著改革的加速，經濟面的多元化（市場化）也誘發要求政治面的多元化（民主化）的呼聲。此時，改革派內部的龜裂更形擴大。這些又與體制外的民主勢力的動態產生互動作用，龜裂會使得體制本身動搖。

以江澤民為「核心」的後繼領導體制，的確達到某種程度的鞏固地位。但是仍以鄧小平的後盾為前提。江澤民想要累積被視為魅力人物的領導實績和領導技術，還是需要較長的時間。在此之前最重要的問題是，即使累積了這些實績與技術，接受他的魅力影響時，可能中國政治的傳統土壤已經開始變質。這就是社會面的成果與矛盾。

中央與地方的對立

自一九七八年以來，十六年內經濟面的改革、開放與發展，的確展現很大的成果。十六年內，經濟成長率年平均為九．三%，今後據說也將持續近一〇%的成長。預定到二〇〇〇年時，GDP增加四倍（一九八〇年基準），而小康水準的實現，打算在一九九七年達成。小康水準是GDP一兆四千億美元，個人GDP約一千美元，平均消費水準七百元（都市消費水準一千二百元，農村六百元）。而在農村的基準，個人純收入為一千二百元（『農民日報』一九九四年二月十九日）。

國民生活大幅度提昇。昔日被視為「老三件（三種神器）」的收音機、自行車、縫紉機，現在在農村已相當普遍。一九八〇年代有所謂「新三件」，是彩色電視機、冰箱和洗衣機，這在都市已相當常見。

這些經濟成果使得現體制的支持基礎擴大，而在政權上也產生維持體制的自信。但是在這同時，成果本身卻帶來矛盾，對現體制無可否認的也釀成危機。

政權很快地察覺到「矛盾」的重大性。黨中央機關報『人民日報』（一九九三年四月九日）與理論雜誌『求是』（一九九三年第七期）也指出：「改革對於經濟生活、社會生活、活動形態、精神狀態、思想觀念等，產生一連串嚴重的變化，利益關係和人際關係也產生很大的變動。」並提出警告：「人民內部的矛盾更為複雜、變化更大的狀況出現時，若不妥當處理，使矛盾更為激烈，就會影響社會的安定。」江澤民也說：「處理必須合時宜，如果處理得不適當，矛盾會更為激烈，小事成大事，導致混亂。」（『人民日報』一九九三年三月二十日）

但是這種危機實際上已經出現了。一九九四年三月的全人代中，代表們也承認「矛盾激化的問題非常顯著，需要重視。如果處理得不適當，可能會導致社會的動搖與政治的不安定」。

「矛盾」出現在社會各種局面中。例如，中央與地方關係的變化正是其中之一。經濟改革是為了改正過度的權力集中狀況，因而認為權限應該藉著「下放（移讓）」而進行分權化。中央與地方的關係應導入財政承包制。將財政收支劃分為中央與地方，由地方負責承包。地方與中央政府交涉之後，決定給予中央的納稅額（率），其餘的收入則由地方本身保留下來。

納稅比例是中央與地方政府交涉之後達成的協議，因此，從山西省的二％到上海的七〇％都有。年度也會因交涉結果而改變。上海、天津、江蘇等地的納稅率為六〇％到七〇％，其他地方大都是四〇％弱。例如，廣東省的納稅率一九八〇年為四四％，然後開始慢慢下降，現在只達六％左右。以廣東的情形，九三年的財政收入為三百四十億元，但納稅額只有二十多億元（『人民日報』海外版一九九四年三月十九日）。

廣東省自一九八〇年代被指定為改革、開放的全面實驗地區，獲得各種自主權，因而不斷發展。從九一年開始，連續三年經濟成長率超過二〇％，九三年更達二一％。今後二十年內，每年希望達到一二・九％的成長，以趕上亞洲NIES為目標。九四年的成長率較低，設定為十五％，但是也超過目標（『文匯報』航空版一九九四年二月二十一日及『羊城晚報』一九九四年二月十三日）。

人民的生活變得豐富，「小康水準」，廣東省在一九九四年據說是九〇％的達成度，而個人GDP一千美元，廣州市在一九九二年就達成（八千四百十一元）。九三年個人GDP為一萬一千四百九十元，占全國第一位。而順德、中山、東莞、南海市在九三年也達成小康水準（『農民日報』一九九四年二月十九日）。

廣東省在全國經濟上占有很大的地位，工業生產占全國的十五％，九三年貿易為七百八十三億美元，占全國四〇%。從一九九一年開始到九三年，外資導入增加為兩倍，九三年的外資導入實施基礎（九十六億五千萬美元）增加了九八・六%，占全國的二六%。

廣東省藉著豐富的財政收入而更為發展，但是問題在於無法超過中央。中央縮小權限，相對的影響力減弱，權威也後退，相反的，廣東的部分地方獲得權限，希望自立化的傾向增強。

最顯著的表現就是中央財政的惡化及以東部沿海為主的部分地方財政力的強化。中央財政收入的GDP所占的比例在一九七九年為二六・七%，但九二年卻降低為十四・五%。在全國財政中，中央財政所占比例在一九七九年為四六・八%，但九二年卻下降為三八・六%。GNP中所占的稅收比例在一九七八年為三一・二%，但九二年卻降為十四・七%。

結果，九三年國家歲入為五千一百十四億元，赤字為二百零五億元，合計國內債務與國外借款，實際赤字達到九百億元以上。九四年的預算（歲入為四千七百五十九億元）中，據說赤字為六百六十九億元，若再加上必須支付的內外債務，則為一千二百九十二億元。赤字從總預算的十七%膨脹為二七%。

為了改善這情形，中央希望收回權限。因而廢止財政承包制，增加中央政府取得的部分而導入分稅制。簡單地說，分稅制就是將稅分為中央所收的稅及地方所收的稅。以本世紀末為目標，藉著分稅制，希望中央的財政收入比例至少要達到五七％，而地方為四三％。因此，今後中央規定地方將由其財政收入的增加部分中納稅七〇％。

分稅制的導入，對廣東是很大的打擊。財政收入增加部分的七〇％必須繳給中央，納稅額一舉增加數倍。納稅率五〇％的浙江省所受的衝擊也不小。九三年的納稅額為七十六億元，從九四年開始到二〇〇〇年，納稅額會急增為一百八十五億元。

「在新體制下，中央與地方的財政收入分配範圍之調整，對於經濟發展相當快速的部分省區而言，會造成一定的衝擊。」（『人民日報』海外版一九九四年三月十九日）。因此，分稅制的導入，當然會遭到以沿海地區為主的豐饒地方極大的抵抗。一九九二年即嘗試導入，但因地方反對而暫時擱置。九四年三月的全人代中，正式決定導入，但地方的抵抗仍然強大。包括分稅制的導入在內，對預算法的投票上，反對、棄權票占整體的二二％。廣東省省長朱森林雖然沒有直接表態反對分稅制，但是他對此的看法是「並非意味著中央政府可以收回權力」。

顧慮到地方的反彈與抵抗，總理李鵬表明「設定一定期間的過渡期，維持以往的利益構造。」副總理朱鎔基則說：「今年是讓要點衆所周知，明年平穩地實施，到第三年時成熟地運用。」保證會以漸進的方式導入分稅制（『中國時報週刊』一九九四年一一九號）。一旦「下放」的權力想要收回，著實不是易事。已經獲得權限，深入自立化的地方的抵抗，也許中央政府根本無法加以壓抑。到此為止，分權化的改革已經固定。

東西南北的地方間差距

但是並非所有地方都反對、抵抗分稅制的導入，像納稅率七〇％的上海及得到中央補助金的貧困地區較多的內陸中西部，則深表歡迎。所以並不是說隨著經濟改革的進展，就一定能享受改革的好處，地方之間的利害、衝突並不見得一致。

例如，東部沿海地方與內陸中西部的差距不斷擴大。沿海地方一九九三年的經濟成長率從二〇％到二五％，部分都市以美元換算的話，個人ＧＤＰ超過二千美元。經濟特區深圳達近五千美元，珠海為二千美元，廣州市和上海市都突破一千美元。廣東省農民在九四年中也達成了一千美元。九三年農民純收入全國平均為九百二十一元，上海為二千六百五十元，北京為二千二百二十一元。

但是中西部年間成長率只有八％到一〇％，個人年收入四百元以下者占九〇％以上，而東部和西部的農民個人生產額，在九三年就有五千八百九十七元的差距。

根據國家統計局一九九一年的社會發展綜合指數顯示，超過全國平均的是東部，低於全國平均的則是中西部。雖說是將環境、人口、經濟、居民生活的狀況數值化，但是

圖2-1　社會發展總指數（1993年度）

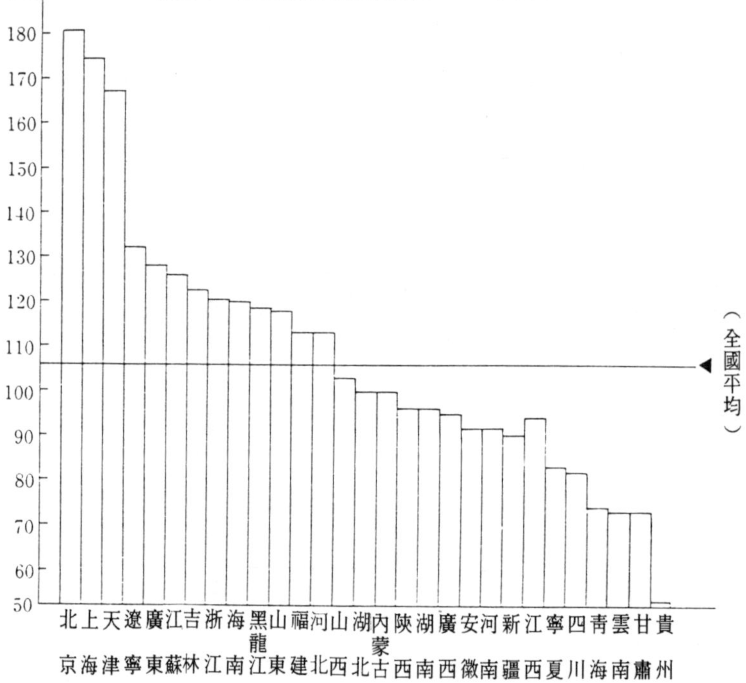

出處：『瞭望』1995年第2期

也可說是地方間差距的實態統計。全國平均指數為一百一十，最高為北京的一百八十九，最低為內陸雲南省的八十六。前十三名由東部沿海地方獨占。九二年平均為一百二十一，差距亦更為擴大（『瞭望』一九九三年第二期及『經濟日報』一九九四年一月七日）。

一九九三年度的社會發展水準調查也顯示，北京為第一名。個人GDP的全國平均為二千六百六十元，上海則是一萬一千二百二十二元，占第一位，北京是七千

圖2-2　社會發展總指數（1993年度）

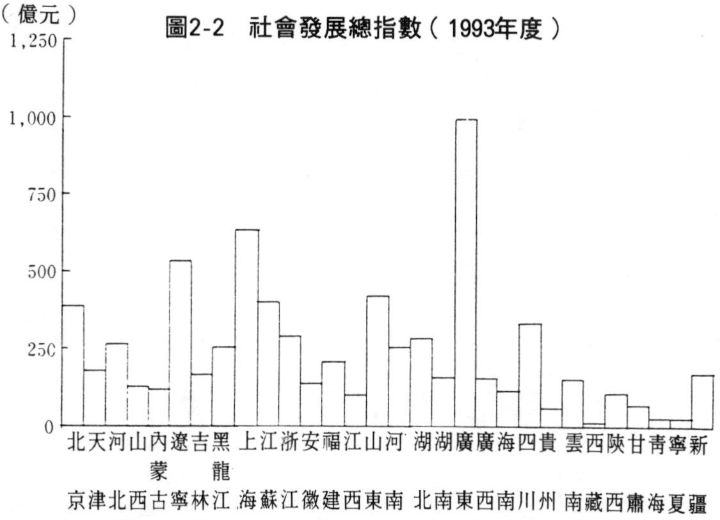

出處：『經濟日報』1994年12月28日

八百零一元，天津為五千八百零二元。居民個人收入最高的是廣東四千三百七十七元，其次是上海、浙江、北京、海南。農民的純收入，上海為二千七百二十七元，占第一位，其次是北京、廣東、浙江，平均為一千六百元以上。

綜合評價第一位到第十二位，十個地區都在東部沿海地區。另一方面，倒數十名中，西部內陸地區占了七位。十名以下低於全國平均值，而倒數五名都在北京的一半以下。最低的貴州省為三一・七（『人民日報』海外版一九九四年十二月十二日及『光明日報』九五年一月三日）。

改革、開放不斷進步，差距卻益形擴大。例如，外資導入主導型的發展戰略，就助長這種情勢。其主要來源為海外的華僑、華人資本，的確對中國經濟的高度成長有所貢獻。因此鄧小平曾說：「中國擁有世界所沒有的獨特機會，就是海外數十萬的愛國同胞，對祖國做出極大的貢獻。」（『人民日報』一九九三年一月二十三日）

但是積極對中投資的華人資本家，甚至已經放棄以往的利益，不再是心向祖國的「愛國華僑」。想要回到取得國籍的居住地東南亞諸國的歸屬意識，越來越強烈。到了二世、三世時，這種意識會更強。只要有商機，當然會進入中國，但是談到「愛國意識」的話，指的不是「中國」而是中華。在華僑們出身地的廣東、福建等華南地方在與商業聯結時，就會形成「中華經濟圈」。

這是在華南地方由上海、山東等中國的一部分、新加坡等東南亞諸國的華僑及台灣、香港所構成的。來自海外的對中投資，二〇％到三〇％都在廣東。剩下的則集中在上海及東部沿海地方。像這種「中華意識」會引起中國的「南北問題」，與其說是中國的統合，還不如說促進了分裂與擴散。

地方間的「南北問題」惹起民族間的「東西問題」，助長了中國的分裂、擴散。在發展中被剔除的西部內陸與邊境，居住著許多少數民族，像西藏與維吾爾族等對自治擴大與獨立的要求根深柢固。最近西藏要求獨立的示威，在青海省抗議對回教徒差別待遇的暴動，新疆維吾爾自治區的「東土耳其斯坦共和國」再興的行動，內蒙古自治區內分離獨立運動的發生，在在說明了這個事實。

即使是在不斷發展的東部沿海地方之間，利害也不一致。例如，廣東與上海的關係。廣東被指定改革、開放的全面實驗區，擁有各種例外的優惠措施，得到「特殊政策」的禮遇，藉著與鄰近的香港資本主義一體化而發展。現在逐漸追上廣東的就是上海。

上海的發展得力於江澤民、朱鎔基等與上海關係密切的中央政府要員的支持。一九九〇年浦東地區的開發、開放是中央政府的計畫，上海不只是長江流域發展的「龍頭」，也期待他成為九〇年代帶領全國經濟發展的「龍頭」。因此，上海的發展被稱為「中華牌」。

上海的領導者們發誓對中央忠誠。曾擔任上海市黨委書記的吳邦國就向中央提出三大保證：第一，「社會主義的方向」，第二，對中央「高額財政收入的繳納」；第三，「完成中央所給予的任務及服從宏觀經濟控制」。以這三項保證為前提，上海本身進行上海的「自費改革、自主改革」（『北京日報』一九九四年一月九日）。

上海積極表明支持分稅制的導入，並指出「中央推進的分稅制政策是大局，上海是全國的一部分，當然要服從大局。」同時還說：「我們的態度是，只要中央明確做出指示，上海絕對不會拒絕。在全國統一的問題上，上海不會成為特殊的例子。」也就是間接批評「特殊政策」的廣東（『解放日報』一九九四年三月十一日）。

在財政承包制方面，廣東的納稅額較少，保留許多利益給當地，利用來發展當地。相反的，上海長期以來都將財政收入的七〇%以上繳納給中央。藉著分稅制的導入，上海的負擔減輕，同時期待由於中央財政擴大，能夠增加對上海的援助。因此吳邦國說：「中央財政集中的比例太少的話，對宏觀經濟控制不利，如果失去全局的控制，上海也無法發展。」

利益團體的多元化

一九九四年春天召開的全人代（第八期全國人民代表大會第二屆會議）的關鍵，就在於「安定」。到九三年為止，方針是「把握機會、深化改革、擴大開放、促進發展」，現在則追加「確保安定」此一方針，成為九四年的「大局」。「安定」的追加據說是「質的進步」，今後的「關鍵內容」。所有活動都必須確保「安定」，而且強調要「服從大局、犧牲奉獻」。這是在九五年春天的全人代中確認的事項。

這與到一九九三年為止以「加快（加速）」為關鍵的做法完全改觀。為何轉而強調「安定」？前面已經提過，三年來的高度成長帶來矛盾與困難，此為直接理由。全人代的政府活動報告也承認，除了成果以外，同時存在著「前進途中的矛盾與困難」。「矛盾與困難」是指「主要是固定資產投資規模過大，物價上升幅度非常的高。部分國有大中型企業在生產經營面，為赤字與債務的積累而苦，部分地方社會的治安狀況不佳，對社會醜惡現象的打擊不力。少數的政府職員出現貪污瀆職、收賄、不正當行為的腐敗現象，政府機構也存在著形式主義與官僚主義，對政府與人民大衆之間的密切關係造成影響。」

更嚴重的理由是政權的危機意識。

安定也好，加速也罷，所有的方針轉換其動機都是在想要確保共產黨獨裁的現體制存續的政權危機意識。這次的回歸「安定」也是同樣的情形。或許這次的危機意識更為嚴重。

由於鄧小平不在，失去向心的權威，政權必須處理「矛盾與困難」，而且「發展」本身不見得就是能夠處理「矛盾與困難」的「絕對道理」。

「矛盾與困難」的問題總結在於「體制轉移」與遲緩的政治「體制轉移」之間出現鴻溝，而形成「政治是否趕得上經濟」這個問題。

中國的「體制轉移」是政經分離的狀態，首先從經濟面不斷推進，計畫經濟是社會主義經濟的代名詞，而現在已從黨規約和國家的憲法中削去。取而代之的是市場經濟體制的確立，成為黨和國家的正式方針。「姓社姓資（社會主義或資本主義）」的基準在於「三項有利（對生產力的發展、國力的增強、國民生活的提昇是否有利）」，如果有

圖2-3　企業型態別工業生產總額的比例

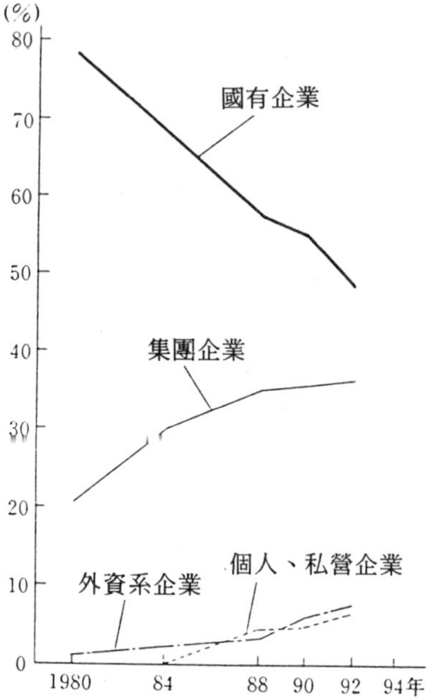

利，就是社會主義。社會主義的束縛，在經濟方面已經解除了。

而經濟面的「體制轉移」則是發展經濟，使國民的生活豐富。都市部，尤其是東部沿海地區的教育水準提昇，對外開放，眾人的意識也開放，不只會和過去比較，同時也獲得和外面的世界比較的基準。

經濟的「體制轉移」與發展，造成經濟構造的改變。社會主義經濟以公有制為「主體的地位」，但是國有企業已經讓出「主體的地位」。個人經營、從業員七人以上的私營企業、外資系（合辦、合作、獨資）企業急速發展。包括鄉鎮企業在內，非國有部門的工業生產已經占整體的六〇％以上。

這個傾向今後還會加速進行，到二〇〇〇年時，所有制構造預測會分為國有、團體所有、私有「三分天下」的局面。在工業生產額方面，國有企業占整體的四分之一，鄉鎮企業等非國有團體所有制企業占二分之一，個人經營和私營企業占四分之一。社會商品零售總額各為三分之一、六分之一、二分之一的比例。

經濟改革所造成的所有制構造的改變，帶來利益團體的多元化，擴大貧富的差距。依照「先富後富」原則，發展不均衡的情形不只發生於沿海和內陸地區，也造成農村與都市之間的差距擴大。個人經營者超過一千六百萬人（都市部八百萬），從業員達到二千六百萬人。私營企業家超過二十萬人，從業員達到三百萬人。他們的收入遠比擁有一億二千萬人的國有企業的從業員更高。國有企業的從業員九三年年收入為三千四百四十一元，增加了十九・六％。但是個人經營、私營企業及外資系的從業員平均年收入五千二百一十五元，增加三一・五％。

個人經營者平均年收入超過一萬元，包括私營企業家在內，擁有三萬元以上收入者達四百三十萬人，十萬元以上者達一百萬人，個人資產達百萬元以上者超過十萬人。根據人民大學社會學部的調查，擁有一億元以上資產的人超過五百人。中國個人所有的自用車（個人計程車除外）已有三萬七千輛以上。但在農村，年收入二百元以下的農民達二千七百萬人，有八千萬人到現在還無法確保「溫飽（最低限度的生活）」（『光明日報』一九九三年十月十一日及一九九四年一月九日，『中央日報』一九九四年十二月二十四日）。

貧富的差距因失業的增加而擴大。九四年都市失業率為四百萬人，達二・六％。但是實際上據說接近二〇%。「隱藏的失業者」，也就是在職的「剩餘人員」是問題所在。都市的就業人員包括國有企業與機關事業單位在內為一億五千萬人，其中二千五百萬人是「剩餘人員」。因此都市失業率達到十六・七%。光是九五年新加入勞動力市場的人就有一千萬人，到二〇〇〇年時，估計十五歲到五十九歲的勞動人口，會從九〇年的七億三千萬人增加為八億三千萬人，到二〇一〇年為止，就業年齡人口達到二億三千萬人。每年有一千萬人新加入勞動市場，無可避免地就會形成大量的失業者。

農村的狀況更為嚴重。四億三十萬的勞動力當中，有一億五千萬人從事農業，一億人被鄉鎮企業吸收，可是仍有一億八千萬人。即使有三千萬人到都市賺錢（「民工」），但是還有一億五千萬「剩餘人員」。農村的失業率據說現在高達三七%（『文匯報』一九九五年一月三日及『經濟日報』一九九五年一月四日）。

農村和都市的差距不斷擴大，由於從一九七八年開始的農村改革，使得一九八五年兩者的差距由二・四倍縮為一・七倍，但是之後卻出現擴大傾向。一九九三年反而擴大成二・五倍。都市居民的生活費收入提昇一〇・二%，為二千三百三十七元，但是農村居民的純收入只有三・二%，為九百二十一元。今後，每年的目標是提昇五%，但是兩者之間的差距仍會一直擴大。九四年都市居民的收入提昇一〇%，而農村居民的收入卻只增加五%。

從八六年到九三年的工業生產年間平均增加率為一六・九％，農業生產只增加五・二％。都市與農村的消費水準差距九二年擴大為三・〇八倍，超過七八年或五二年的水準。儲蓄差距在八四年縮小為五・九倍，到九三年時卻擴大為八倍。購買力差距八四年縮小為二・三倍，九三年擴大為三・六倍。文化水準方面，八二年第三屆國勢調查從事農業的不識字、半不識字率是非農業勞動者的五・五倍，九〇年的國勢調查時則擴大為七・七四倍（『農民日報』一九九四年十二月二十八日）。

在「貧困平等」的社會中，由於「先富後富」原則造成差距，而這個競爭社會的差距不斷擴大。由於差距擴大，使得利益團體多元化，造成國民利害意識多樣化。政權在經濟發展及國民生活的提昇上的確展現新實績，但是昔日只有共產黨，而現在卻必須吸收、集合這些多樣化的國民意見，的確更為困難了。

一方面「先富」團體享受著經濟改革、開放的成果，確保獲得的利益要求擴大，要求「體制轉移」繼續進行。而在所要求的「體制轉移」當中，也包含了反映他們發言權的政治面的「體制轉移」，也

圖2-4　農民與非農民的收入格差

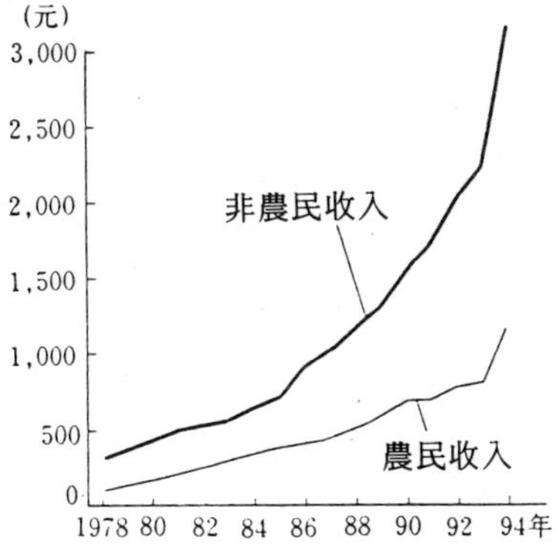

就是包含了政治的民主化。

鄧小平一九八七年六月，以「文化的素質不行」為理由拒絕導入全面直接選舉等歐美式的民主制，但是教育水準的確提昇了。一九八五年決定的九年制義務教育，已經普及都市部，不識字率降低為十二％。高等教育急速進步，就讀大學（包括專門學校在內）的學生計有四百四十萬人，新生為八十五萬人。

自一九七八年以來的大學畢業生，累記超過一千萬人。在都市的十二億人口中，已經誕生了二千萬人規模的「中流階級」。

另一方面，「後富」團體卻因「貧窮的平等」而喪失一體感與安心感，抱著「分配的不公平感」加深不安與不滿的情緒。在沒有「公平感」之處產生了「紅眼病（嫉妒）」，所以很難產生一體感。

無法停止的民主化潮流

當政者當然無法忽略這些情況。因而一再強調「人民內部的矛盾必須充分注意，加以正確處理」。江澤民也說：「如果處理得不適當，矛盾激化，小事成大事，或許會引起混亂。」（『人民日報』一九九二年三月二十日）

全人代的代表們也說：「人民內部矛盾激化的問題相當突出，必須高度重視，如果

處理不當，會造成社會的動搖與政治的不安定。」（『大公報』一九九四年三月二十一日）

但是這種矛盾的激化，政權似乎並不打算藉著政治面的體制轉移來解決。在一九九二年秋的十四屆黨大會中，江澤民確認「經濟體制的改革與經濟發展要齊頭並進」，「政治體制的改革必須銳意推進。」

但是所強調的只是人民代表大會制度的整備，民主諸黨派之間的互助，協議制度的整備，以及政策決定的民主化等等。並不是以共產黨獨裁本身為改革對象，只是附帶「黨領導強化」的前提條件而進行的政治改革。

江澤民明確地設定政治改革的界限是「政治體制改革整體的目的是，必須對於鞏固社會主義制度、鞏固黨的領導有利才行。」「絕沒有實施如西方諸國複數政黨制或議會制的理由。」還說：「中國實行的是由中國共產黨所領導的許多政黨的協力制。」

共產黨以外的政黨，例如，民主諸黨派在全人代中也有議席，可是實際上並不是能夠獲得政權與共產黨競爭的在野黨。只不過是一開始就接受共產黨之指導的「參政黨」而已。國家主席、總理、全人代代表的直接選舉就更甭提了。

「像我們這樣的大國，人口如此之多，地區與地區之間不平衡。在多民族居住之處，現在由上部階層直接舉行普遍選舉的條件尚不成熟。文化素質還不行。」（一九八七

年六月十二日的發言）

「我們要使社會主義民主發展，但是絕對不能夠躁進。不能採取西方國家的做法。如果十億人進行複數政黨的選舉競爭，必會出現『文化大革命』那樣的『全國內戰』混亂局面。」（一九八九年二月二十六日的發言，收錄於《鄧小平文選》第三卷）

鄧小平的這些發言，現在仍然是政治改革政權的公式姿態。在一九九四年春天的全人代中，李鵬確認「強化社會主義民主的建設」，雖說是「民主」，但是僅止於「自主性地接受人民代表大會及其常務委員會的監督」，「政治協商會議及民主諸黨派、無黨派衆人，互相討論政治，更能發揮民主監督的作用。」

政治民主化的可能性似乎遙不可及。一九八九年天安門事件結果受到壓抑，而這正是多樣化國民意見提出異議的表達方式。類似事件是否會再現不得而知，但是先前所說的社會變動成為行動背景，要求政治民主化的行動已無法壓抑。

在一九五七年被烙上「右派分子」印記的科學史家許良英，亦直截了當地說：「沒有政治的民主，改革不可能成功。」他批評鄧小平的「南巡講話」說：「只就經濟改革和生產的發展來談，卻避開政治改革，對民主更是避而不談。像這樣的改革能否成功，實在教人存疑。」（『九十年代』一九九二年十二月號）刊載這篇發言的雜誌，受到停刊的處分。

一九九四年三月，這類行動更為明顯。政權的反應太過敏感強硬又迅速。逮捕、拘禁民運分子，或讓他們暫時離開北京。

魏京生是一九七八年秋起所發生的民主化運動，「北京的春天」的示威者之一。提倡「第五個現代化」的政治民主化，於一九七九年十月因顛覆政府罪而被判十五年徒刑下獄。一九八九年春天，方勵之等自由、人權派的知識分子聯名提出特赦魏京生的請願書，這就是同年的天安門事件的前兆。

一九九三年九月，刑期終了半年前，魏京生被假釋釋放出獄，但是他說：「我不後悔。」明白表示要繼續推行民主化運動的意志。九四年二月二十七日，他和美國負責處理人權問題的官員共進晚餐，而在三月四日卻接到來自北京公安部門的出頭命令，命令他在美國國務卿克里斯多福訪問中國大陸期間離開北京。四月一日從天津回到北京的途中，他被公安當局逮捕，理由是在假釋期間及「政治權利（公民權）剝奪」」期間犯了「違反法律規定的新刑事犯罪」而遭調查，現在又被逮捕判刑，目前正在上訴。

同年三月上旬，律師周國強、北京大學講師及法律學者袁紅冰、北京大學研究所學生王家祺，則因「煽動社會秩序的紊亂」嫌疑被逮捕，接受公安部及國家安全機關的調查。

他們在一九九三年十一月公開聲明要求導入複數政黨制的「和平憲章」。九四年三月全人代期間，已經開始為勞工成立人權組織，為百萬簽名活動做準備。事實上在三月九日，包括他們在內的一百二十人聯者，宣布成立自主管理勞工組織「勞工權利保障聯盟」，並正式向民政部提出登記申請，向全人代請求勞工權利保護的強化。該組織計有六條規約，包括勞工的權利保護、全面支持經濟改革、改善社會保障制度等等。這些要求以中國的法律來看都是合法的，並不算成立反政府政黨（『聯合報』一九九四年三月十日及『中國時報』一九九四年三月十三日）。

王丹是天安門事件的學生領導者之一，他後來被捕，因反革命煽動罪判四年徒刑。一九九三年二月以「已經悔改」為由，在刑期終了的四個半月前獲得假釋。但是假釋後他提出公開書簡，說明「對於過去的一切，包括判決有罪都不後悔」，「四年的獄中生活，更加強我一生為中國民主化奮鬥的決心」。在九四年二月，他的政治權利（公民權）復活，宣布展開「合法公開反對派」的活動。

但是他在三月四日被拘禁三十幾個小時，三月八日再度被拘禁兩小時，被釋放後他在三月九日晚向全人代發表公開書簡（『聯合報』一九九四年三月十日）。

公開書簡首先表明擁護改革、開放政策，主張因其成果而已經完全解決中國現在的生存權問題，因此，主張個人的政治權利才是問題所在。民主運動並非反政府運動，擁護人權並非顛覆政權，即使採用不當鎮壓的方法，也不屈不撓。

「在現在中國的政治環境當中，對於政府的行為提出異議是一種危險的事情。因此，我已經在思想上覺悟到要接受獨裁機關的鎮壓。不過，我不後悔。我相信自己的行為是正義的。因此在一九九三年二月出獄時，我認為符合自己所提出的三個要求。亦即對得起人民、對得起歷史、對得起自己的良心」。

在他的書簡公開發表以後，三月十一日被迫離開北京。

在自由主義的知識份子之中，三月九日許良英、詩人邵燕祥、小說家張抗抗等七人，也向全人代提出要求改革人權的請願書（『聯合報』一九九四年三月十一日）。

「中國是聯合國的創設國，是安全保障理事會的常任理事國。因此應該率先遵守關於聯合國人權的各種相關公約，國內的人權問題不應該成為國際輿論的譴責對象。應該尊重人權，確保公民的各種權利，如此社會才能得到真正的安定。否則矛盾激化會誘發動亂，後果不堪設想。」

這類的主張，目前在中國社會尚未形成多數派。一般庶民間仍以「向錢看（賺錢主義）」為主流。然而，已經無法全面壓抑民主化要求的呼聲了。因為這是政權經改革、開放而造成的社會變動的產物。即使鎮壓，也無法滿足國民多樣化的意思。藉著改革、開放不斷進展的社會變動，要加以對應的話，則政治面也要嘗試體制轉移。為了維持現體制而決心進行改革、開放，卻造成現體制的改變，對鄧小平而言，這可能是出乎意料之外的諷刺結果。

中央指名候選人的落選

某種民主化，在現實的政治過程中也已經開始出現了。在省長和全人代代表的選舉上，不僅是違反共產黨的意向，擁立獨自候選人，同時當選的事例也已經出現了。

縣及鄉鎮級的人民代表大會代表，由直接選擇選出。而省、自治區及直轄市的人民代表大會的代表，由間接選舉選出。省級的人代常務委主任及政治領導者（省長、市長、自治區主任），則由省級人代投票選出。以往候選人是由中央推薦，而依照慣例，被推薦者通常都會當選。雖然並不是共產黨的人事，但是在此也強調「關鍵在於黨領導強化與改善」（『人民日報』一九九二年一月十五日及『光明日報』一九九三年二月五日）。但是，現在中央的意向已經無法通行無阻了。中央指名的候選人落選，由省人代的代表們自主推薦的候選人當選的事例雖然少數，卻已經出現。例如，浙江與貴州的省長選舉就是很好的例子。

浙江省一九九三年一月中旬進行省人代選舉，中央指名的大會議長團所推薦的現職省長葛洪升應該會再度當選，但是利用只要有十人以上的代表連名就能推薦候選人的規定，而推薦上海市政府秘書長萬學遠，結果投票當選。而在貴州省，中央指名的現職省長王朝文，卻敗給九二年由輕工業部副部長轉出就任副省長的陳士能，他是在省人代代表們的推薦下當選為省長。

這也可以說「民主的發揚成為社會主義本質的特徵之一」。而江澤民也表示出「應尊重人民代表的意見與選擇」的姿態。

儘管如此，領導部對於這種違背中央意向的傾向，當然無法掩飾其警戒之念。在一九九三年二月四日的『人民日報』社論中，將著力點放在「集中」而非「民主」，確認「堅持民主集中制」，強調應該服從黨中央的權威擁護及中央的大方針。

同社論也說：「目前一部分地方非但不利於民主，同時也出現不利於集中的問題」，批評這些無視於中央或上級的方針、政策的傾向，就是「不利於集中的問題」。「不利於集中的問題，也就是即使有命令也不實行，即使被禁止也不停止，在許多派系間進行政治，不願努力貫徹中央的方針、政策，不願聽取末端單位及大衆的意見和專家們的意見，依個人的意思任性決定」。

而在「民主」方面，也仍然堅持以共產黨獨裁為核心的「四項基本原則」。

「我們所強調的民主，就是鄧小平同志的具有中國特色的社會主義建設的理論，以及堅持『一個中心、兩個基本點』的黨基本路線為前提，絕對不可與中央的大方針背道而馳，或『上有政策下有對策』，或『自己任性而為』……一定要自覺地擁護黨中央的權威才行」。

構造疲勞造成自毀的危機

不過，在柔軟的對應方面，共產黨的統治能力本身的問題卻堆積如山。共產黨政權引起一種構造疲勞。

首先，構造疲勞出現了腐敗的構造化。在四十五年來一直坐在統治黨寶座上的共產黨，昔日「拒絕腐敗、堅持清廉」的姿態已經消失，而「權錢交易（利用權力與金錢交易）」或「以權謀私（利用權力追求私利）」等腐敗現象非常嚴重。其結果，既得權益的維持將成為自己的目的。

一九九四年春天全人代的代表們最關心的問題有三項。第一是腐敗的問題，第二是分配不公的問題，第三是物價上升的問題。不論是哪個問題的解決都是當務之急，如果無法解決，就會造成社會的紊亂。

但是在三個問題當中，代表們表達國民的意思，最感到不滿的是對政府腐敗問題的批判。分配的不公、物價上升等問題的解決，應該由共產黨和政府幹部們負責，然而他們卻不努力解決問題，只是追求自己的利益而造成了腐敗。

並非只有政治體制是改革、開放的對象，共產黨的支配體制不改變，在新的市場經濟環境當中，共產黨和政府機關與幹部們利用權力終飽私囊。庶民們認為這是一種權力腐敗的構造化。

某位退休的勞工曾說：「一九五〇年代貪污瀆職、收賄在一萬元左右會被槍殺，即使私用政府的信封也會遭罰。而現在數十萬、數百萬、數千萬的事件屢見不鮮，這到底是怎麼一回事呢？」（『瞭望』一九九四年第十二期）

共產黨和政府對於這種腐敗的深刻化並非袖手旁觀。江澤民就指出：「腐敗現象是侵入黨與國家健康肉體內的病毒。如果允許病毒氾濫，就會葬送我們的黨，就會葬送我們的人民政權。」相當於中國最高法院的最高人民法院領導者也曾經承認：「現在收受賄賂等腐敗現象是建國以來比任何時期都更嚴重的問題。」

在整個黨中，五%～一〇%的黨員「不合格，無法發揮黨員先進模範的作用」。從一九七八年三中全會以來的離黨者不到全黨員的一%，只有四十三萬人。從一九五一年到六五年，有一〇%的黨員被除名而離黨，現在「不合格黨員的排除尚不夠充分，反映出黨的管理並不嚴格」（『探索：哲社版』一九九三年第五期）。

因違反黨內規律及法律，每年有三%左右的黨員遭處分。到一九九二年爲止的五年內，黨內違規案件為八十七萬四千六百九十件，處分黨員為七十三萬三千五百四十三人，其中被黨除名者有十五萬四千二百八十九人（『求是』一九九三年第七期）。

一九九三年八月，決定開始全面反腐敗鬥爭。鬥爭的著力點有三項。第一是共產黨與國家機關領導幹部的率先垂範。自己不能經營企業或買賣，也不能圖利親朋好友，不能進行股票的買賣等。第二是要徹底進行大事件或重要事件的調查、處分。第三是招致庶民大不滿的黨或政府機關的企業經營，或利用公款的海外旅行等不當行爲要加以取締。尤其鬥爭的重點對象是共產黨、政府的領導機關、司法部門、行政與法律的執行機關和經濟部門等。

一九九三年末，反腐敗鬥爭「展現成果」，並且提出鬥爭終結宣言。從九三年九月到十二月為止，調查的貪汚瀆職、賄賂一萬元以上的大事件增加為二・一倍，被調查的縣（處）級以上領導幹部的經濟犯罪的重要事件增加為六・八倍。其中廳（局）級以上的幹部調查則增加了十一倍。在全國有四萬人以上遭受黨規處分，一萬六千人因違反行政規則而受到處分。四萬二千一百九十五名黨員幹部因違反黨規而遭到處分（『北京週報』九四年第十五號）。鬥爭的重點對象，包括收集十億元不當資金的企業金融犯罪，閣僚級的國家科學技術委員會副主任因收賄罪而被判處二十年徒刑。但是上級領導者只有此一事件被揭發。

雖說「鬥爭展現相當大的成果」，然而進入一九九四年二月以後，決定再度展開反腐敗鬥爭。據說「腐敗現象依然嚴重，而且是必須進行的困難作業，絕對不可掉以輕心」，同時承認「以全國來看，反腐敗工作的發展尚欠缺平衡，一部分的成果還未打好基礎」。鬥爭的著力點和重點與九三年相同。唯一的改變，就是對領導幹部追加「不可以的事情」。例如，不可以購買或替換外車等自用車，不可以舉辦只邀請領導幹部參加的舞會，結婚喜宴、葬禮、生日等不宜鋪張。

到了一九九五年二月時，再次展開反腐敗鬥爭。不過，到目前為止，撲滅腐敗仍困難重重。腐敗的元凶，在於歷經四十多年來一直居於政權黨寶座的共產黨特權化。既然這個揭發、處分由共產黨及政府本身來進行，因此當然存在一定的界限。

而『人民日報』也說：「日本的司法、行政部門對於腐敗現象的懲罰相當的嚴格，這與日本人民不斷地鬥爭、在野黨勢力與輿論的暴露和追及有密不可分的關係。」以日本政界的醜聞案為例，認爲在克服腐敗上，「在野黨勢力與輿論」的存在非常的重要。而間接地在中國也訴說「在野黨勢力與輿論」的不存在，是造成無法撲滅腐敗的理由。全人代的代表們對於反腐敗鬥爭的結果「不滿意」，並以因為腐敗而被迫下台的自民黨的事例為例，說明「即使像日本自民黨這麼大的政黨，也有新黨出現」，「腐敗現象是會對執政黨和國家的穩定造成危害的特大害蟲」（『瞭望』一九九四年第十二期）。

所謂「執政黨」，當然是指中國共產黨。如果要比較自民黨與中國共產黨，那麼這可以說是對於比自民黨擁有更長期政權的共產黨所提出的警告。國防部長（遲浩田）也

圖2-5　共產黨員數的演變

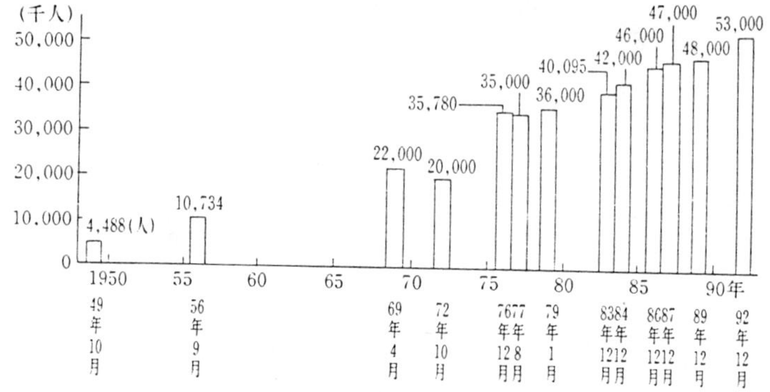

資料：『黨的組織工作詞典』，『中國總覧1986年版』，『人民日報』1992年10月7日，『人民日報』1990年0月10日

警告說：「清朝政府是如何滅亡的，國民黨是如何從政權的寶座上掉下來的，請各位仔細地想一想，這全都是由於腐敗的緣故。」事態已經非常嚴重了。

構造疲勞的第二點，就是顯著表現出共產黨的老齡化。在中央受長老支配的色彩依然濃厚，也可以說反映出黨整體的老齡化。

從一九八七年的十三全大會到一九九二年末為止，共有九百二十七萬四千人新入共產黨（『人民日報』九三年六月十六日）。八七年末的黨員數為四千七百萬人，因此，除了死亡與離黨者之外，到九二年末，黨員遠超過五千四百萬人。附帶一提，八九年新入黨員一百十三萬人，九○年一百三十萬人，九一年一百六十三萬人，九二年二百二十一萬人，九三年一百七十六萬人。

這幾年的新入黨員之中，以高中以上學歷的

青年占壓倒性的多數。三十五歲以下為新入黨員的三分之二。所有黨員中，高中以上學歷在八三年為七百三十萬八千人，現在增加為二千六十五萬三千人，由全體的十七・八%上升到三八・二%（『人民日報』一九九四年六月二十五日）。而小學畢業或更低學歷者從五八・四%下降為三六・三%。

儘管如此，黨的平均年齡從一九五七年的三十四歲開始，到八七年為四十四歲，九二年末上升為四十七歲。占人口五〇%以上之二十五歲以下的黨員占三・九%，六十歲以上者占十四・四%（『求是』一九九三年第十三期）。

圖2-6　指導部的平均年齡

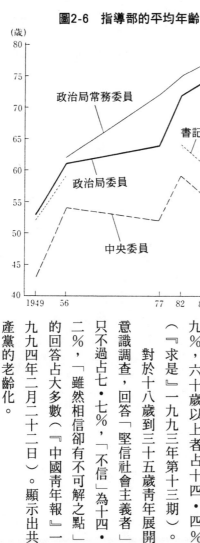

對於十八歲到三十五歲青年展開意識調查，回答「堅信社會主義者」只不過占七・七%，「不信」為十四・二%，「雖然相信卻有不可解之點」的回答占大多數（『中國青年報』一九九四年二月二十二日）。顯示出共產黨的老齡化。

共產黨統治能存續嗎？

儘管如此，死守共產黨獨裁的力量依然強大。建國四十五年來包括所培養的軍事力在內的權力，造成一黨獨占的局面依然穩固。共產黨有五千五百萬名黨員，但是民主化政治勢力尚不成熟。具體而言，幾乎沒有構想到推翻共產黨獨裁後的政治計畫等。像東歐與昔日的蘇聯，能夠代替共產黨的民主化勢力組織在中國尚未準備完善。雖然民主黨派增加，卻也只不過四十萬人。以現階段而言，能夠取代共產黨的勢力，只有分裂的共產黨而已。

事實上，以往民主化運動能夠活潑，只有在與共產黨內部一部分勢力運動時才能夠達成。一九七八年秋天的「北京的春天」，是當時想要趕走黨主席華國鋒的鄧小平暫時利用的運動。在達成目的之後，又採取鎮壓運動的作風。一九八六年末的「學潮」，得到當時黨總書記胡耀邦的共鳴。但是最後被追究責任，辭去總書記的職務。一九八九年的天安門事件，當時的總書記趙紫陽與鄧小平的「二個司令部」的對立，使得整個事件的規模愈加擴大。在事件之後，趙紫陽被卸除所有的職務。

這個可能性，不能說能夠在現在的政權內部顯在化。但是卻具有潛在的可能性。如果要解釋以共產黨獨裁為核心的「堅持四個基本原則」，則其「內容已經是隨著時代的發展而更為豐富，不斷地發展」，開始出現轉換以往強硬姿態的呼聲。

在堅持「社會主義道路」方面，不再是公有制的推進擴大或生產關係的革命，而是變更為推進「生產力的解放與發展」的解釋。無產階級獨裁方面，其中心內容也不再是階級鬥爭，而是「取締犯罪」。在共產黨的領導方面，不再是「下達命令」，而是「消除腐敗」（『光明日報』一九九三年二月二十二日）。

一九八七年開始，趙紫陽公然提出「四個堅持主要是堅持黨的領導，剩下的三個並不提及或不說較好」，而且說：「什麽是社會主義的道路，目前任何人都不了解」。也就是說，不僅是社會主義，甚至無產階級獨裁或黨領導的「堅持」內容也變得淡薄了。

黨政治局常務委員李瑞環，就斬釘截鐵地說：「民主是歷史的、具體的相對的東西。」同時說：「必須受到社會經濟、政治、文化等的限制，不能夠脫離現實或超越階段。」但是，也說：「沒有民主，就沒有社會主義。」「沒有民主，就無法動員大衆的積極性，實現廣範圍的團結。」「伴隨現在改革的深化，人民大衆的文化水準提昇，衆人的參加意識增強。以積極的態度建設妥當的社會主義民主政治，非但是客觀、必要的，同時可能會實現（『人民日報』一九九四年三月二十日）。

「大會時，政治協商會議固然重要，可是結束大會之後，政協卻無法發揮應有的機能」、「政府活動報告應該先送到政治協商會議加以討論」、「我們訪問外國時，拜訪的是參議院。參議院有表決權，然而我們卻沒有表決權」。政協委員們只不過是「政治的裝飾品」，他們對於自己的狀態表明不滿，要求「參政、議政」權的具體保證（『聯合報』一九九四年三月十日）。

李瑞環兼任政協會議主席，對於民主化展現一定程度的了解。

共產黨所進行的開發獨裁，帶來了經濟發展，的確加強了共產黨獨裁體制的正當性。經濟發展藉著計畫、統制的社會主義經濟體制到自由競爭的計畫經濟體制的改革，以及導入外資主導型的對外開放而推進。這些改革、開放與發展不僅帶來經濟發展，而且也帶來社會變動，甚至引起可能會使共產黨體制崩潰的政治變動。經濟的改革、開放與發展不斷地推進，而應該與政治變動對應的共產黨體制如果拒絕改革，則會更加擴大政治與經濟的鴻溝。經濟面的離陸自一九七八年末開始，不久之後就形成朝向資本主義（市場經濟）體制的全面登陸。政治面的離陸，以某些部分而言，已經開始進行了。

但是在中國經濟發展的水準還太低，因此無法造成政治民主化的連環互動。個人GNP爲四百美元左右，距離能夠接近NIES或ASEAN的經濟離陸的目標尚遠。而民衆關心的，主要是確保「溫飽」及「小康水準（過得去的生活水準）」的實現，如果有能夠保證達到這些目標的政權，則即使是共產黨獨裁，也能加以接受。

但是，如果經濟與政治的構造連環仍是在中國所適用的一般法則，則經由改革、開放的繼續，當經濟發展時，共產黨獨裁所造成的混亂一定會重現。個人GDP在深圳達到五千美元，廣東等華南地方也有一千美元左右。混亂再度重現時，一黨獨裁會以比一九八九年天安門事件更為嚴重的形態而被迫瓦解、改變。

但是也許別的構造連環能夠超越這個構造連環，使一黨獨裁繼續存在。像中國的世界與集中權力的構造連環，就是如此。這個連環，政權本身是「具有中國特色的社會主義」。如果中國的世界沒有變化，因而產生出來的共產黨獨裁也不會改變。

中國的世界是由各種要素所構成的。而與一黨獨裁存續有關的方面，第一個要素就是巨大的空間與悠久的歷史時間。巨大空間是九百六十萬平方公里的國土、超過十二億的龐大人口、五十六個少數民族，以及嚴苛複雜的自然條件，中國的確是有多樣性。而這個多樣性很難達到國家統合，為了統合，必須藉著皇帝等領導者個人而使得權力與權威的集中正常化。

一黨獨裁，當然是來自馬列主義，以中國而言，藉著中國固有的土著傳統、「封建遺制」相連而形成。將權力與權威集中於專制王朝的皇帝之中央集權體制的傳統，經由列寧主義的前衛理論，而由國民黨與共產黨繼承。繼承形成晚年毛澤東的皇帝型權力的個人獨裁，以及直到最近為止，以鄧小平為主的長老團體所進行的如西太后的垂簾政治，都是典型。

成為不安定要素的解放軍

今後中國的方向，與鄧小平以後沒有任何人能夠壓抑的解放軍的動向有關。名義上，統帥權是掌握在繼承鄧小平的江澤民手中，他自己也努力地想要將影響力滲透到解放軍內。自從就任中央軍事委員會主席以來，強調黨對於軍隊的「絕對領導」，定期視察地方部隊，試著確保統帥權。並且自行審查，將大量軍人升格為將官，關於將官的晉昇授與及軍長以上的領導地位的任何儀式，他幾乎都有出席。

一九九四年六月八日，舉行十九位上將的晉昇儀式。江澤民親自頒發命令狀，進行重要的演說。自八八年階級制復活以來，這一次可說是升格上將人數最多的一次。被江澤民提拔為上將的人，如果加上九三年的六人在內，占總數四十二人的半數以上，其中二十五人由他所拔擢。

當然，這項人事，也要考慮到鄧小平的支持。例如，總政治部副主任王瑞林的升格。他從一九五〇年代開始擔任鄧小平辦公室的主任，四十年來一直負責鄧小平個人的工作。但是，像這麼多位上將的升格，也可以說是江澤民準備鄧小平以後過渡期的到來，為了得到軍隊的支持而採取的措施。

在頒發命令儀式上，江澤民說：「現在中央的大政方針已定，軍事委員會活動的指導也十分的明確，關鍵在於實施，各級領導幹部務必努力實行。」「絕對要服從黨的命令，絕對要貫徹、執行黨的路線及政策，絕對要服從黨中央、中央軍事委員會的指揮。」所謂「黨中央、中央軍事委員會」是指總書記，亦即身為主席的江澤民。所謂「絕對要服從指揮」，亦即「絕對要服從他的指揮」。中央軍事委副主席劉華淸也呼籲：「在以江澤民同志為核心的中央軍委的領導下，團結一心，開拓進取，為國防現代化建設而貢獻。」

為了在軍隊內培植「絕對服從江澤民主席」的意識，強調江澤民就是人事權者。他和軍中的中高級幹部舉行座談會時，指示「認真把握中高級幹部隊列的建設，提高中高級幹部的素質，培養大量的合格指揮人才，以適應軍隊的革命化、現代化、正規化建設，是我們目前所面對的重大且迫切的任務」。

一九九二年十四全大會以後，在軍隊內實施大幅度的人事異動。首先是辭任中央軍事委員會第一副主席楊尚昆、秘書長兼總政治部主任楊白冰，同時，總參謀部、總政治部、總後勤部三總部的首腦也替換。九三年時，七大軍區及各軍種、軍事院校的少將以上軍人領導者也出現異動。據說將官以上的異動達到三百人。異動的目標，首先就是排除楊尚昆團體，其結果就是扶植江澤民的影響力。

除了異動之外，在九三年六月十七日江澤民宣布晉昇六位上將。包括任命為總參謀長的張萬年、總政治部主任的于永波，總後勤部長的傅全有，以及國防大學校長朱敦法、海軍司令員張連忠、空軍司令員曹雙明等人。

到了一九九四年時，十九名軍人晉昇為上將。晉昇為上將的是徐惠滋、李景副參謀長、楊德中總參謀部警衛局長、王瑞林總政治部副主任、周克玉總後勤部政治委員、丁衡高國防科學技術工業委主任、戴學江（同政治委員）、李文卿國防大學政治委員，還有瀋陽、北京、蘭州、濟南、南京、廣州、成都軍區司令員，北京、蘭州、濟南、廣州軍區政治委員等。

這次的特徵，不僅是晉昇人數很多，同時也與自一九九二年十四全大會以來的軍隊內人事異動有關。

的確，就任現職的期間長短不一。像徐惠滋與丁衡高各自就任副總參謀長及國防科學工業委員會主任九年，其他的幾乎任現職不到一年。李來柱從一九九四年開始被任命為北京軍區司令員。

但是一九九三年的晉昇僅限於軍中央的幹部，這一次則是在九三年以後被任命為現職的地區首腦十一人。江澤民新任命的軍人領導者受到提拔。也可以說是對江澤民體制發誓忠誠與團結而得到晉昇的回饋。他們的平均年齡是六十三歲，十九人之中有十四人為中央委員，黨中央委員會四十四位的軍人代表中，有二十七人為上將。

江澤民的體制鞏固，目前備受注目的是晉昇總參謀部警衛局長楊德中上將。他擔任中央保衛工作，是鄧小平身邊的警護。相當於毛澤東時代八三四一部隊的負責人汪東興。將楊晉昇為上將，後來又以退休為由，讓他辭去局長之職。

這一次大量晉昇上將，可以說是江澤民想要藉此鞏固其在軍隊內的地盤。關於其擴大軍隊內影響力的報導，非常的醒目，光是『解放軍報』，就使用一整面的篇幅稱讚江澤民在軍隊的精神文明建設上確實有所貢獻。在人民海軍成立四十周年時，將江澤民與「毛澤東、鄧小平」並稱為「三代領導者。」

此外，江澤民爲了鞏固中央軍事委員會主席對軍隊的統帥權，而嘗試法制化。例如改正「解放軍現役軍官服務條例」與「軍官軍銜條例」，就是其中的重點。

規定軍官要「對祖國忠誠，一心一意為人民奉獻，自覺地為國防事業獻身」、「遵守憲法、法律與法規，執行國家方針、政策與軍隊的規章、制度，服從命令，服從指揮」。

同時明記「共和國中央軍事委員會領導全國人民武裝力」、「中央軍事委員會實行主席責任制」。並說：「主席不具有軍階。」將總參謀長、總政治部主任等三個總部領導地位的師團長以上的軍官的任免權交由文官的中央軍事委主席，保證以法律的方式對軍隊進行文明統制。

並且規定副主席為上將，總參謀長與總政治部主任為上將，大軍區的司令員等為中將或上將，軍長為少將、中將，副軍長為少將或上校階級。廢止一級上將，明記「從平時的狀況來看，軍隊的階級設置不可太高」。

降低軍官的退休年齡，連任期制也明文化。大軍區的正職軍官六十五歲，副職軍官從最高年齡的六十五歲降為六十三歲。軍團級五十五歲，師團級最高為五十歲。但是如果被承認為作戰部隊的師團級與軍團級的軍官，則可以適當地延長任官的最高年齡。不過，師團級與軍團級的指揮官能夠延長的年齡，以不超過五歲為限。指揮官的任期是師團長為三年，相當於連隊的團級為四年，相當於大隊的營級為三年，相當於中隊的連隊級為四年，相當於小隊的排級為三年。

儘管擁有這些措施，然而江澤民在軍隊內的基礎並未鞏固。為了鞏固基礎，還是需要中央軍事委員會副主席劉華清與張震等軍長老的協助。兩個條例是，對於軍團級以上的任期，另外在中央軍事委員會中加以固定。軍事委員會副主席及委員和總參謀長、總政治部主任的年齡限制並未明記。想要控制軍隊，還是得依賴八十歲左右的副主席（劉華清、張震）。

不過，不具有如鄧小平般的領導力而能夠對解放軍發揮影響力的，不只是江澤民而已。其他的領導者亦是如此。睥睨大老鄧小平，想要擴大及確保自己的政治影響力，而注意到要取得軍隊的支持與軍隊的妥協。否定以往鄧小平的既定方針，削減兵員三百萬，認爲「三百萬對國防而言是最低必要限度的兵力」。自一九八九年，連續六年國防費用從一〇%上升到二〇%，而且還未包括武器開發等國防費用在內，由此可知軍事預算相當的龐大。

而解放軍的動向，則是顯著增強的海空軍及遭到冷漠待遇的陸軍之間爭奪主導權，黨軍與國防軍之間發生爭論，地方軍與地方政府的勾結等，的確還存在很多不確定的要素。

此外，連大老鄧小平也承認，中國「早晚會受到國際大氣候的波及」。而關於經濟的「和平演變（由內部以和平的手段使社會主義中國崩潰的陰謀）」，必須藉著中國政權本身的改革、開放來進行。而且也可以藉著美國所推進的民主、人權外交由外促進。另外，一九九七年歸還香港，香港本身會變得中國化，而且也能夠助長中國的香港化。台灣已經達成的經濟的「台灣經驗」移入中國大陸，也許對於大陸會造成政治的「台灣經驗（民主化）」的影響。

從「既有的劇情」到「希望的劇情」

在大老鄧小平時代過渡期的劇情中，具有影響力的主要諸變數，就是「定一尊」化鄧小平不在時期的政局動向，高速成長與安定成長之間搖擺不定的經濟情勢，利益團體多元化與差距過大造成不安定化的社會環境，失去統帥權的解放軍，以及影響力逐漸增加的國際環境等。變數本身的變化以及變數相互之間的組合，使得劇情的發展從「既有劇情」到「希望劇情」都存在著。各種劇情實現的可能性，在加以檢討的同時，對於任何一種劇情的發展，我們都必須要作成有效的對策。

對國內而言，最重要的就是希望在各種的「既有劇情」當中，能夠實現對我國（日本）國益有利的「希望劇情」，並且從這方面著手對中國展開行動。由這個觀點來看，我現在試著整理「既有劇情」與「希望劇情」。

所謂「既有劇情」，就是鄧小平所編排的劇情。而「最好的劇情」就是經由開發獨裁（權威主義體制＋經濟發展）而「實現富強的中國」；「最壞的劇情」則是「因爲混亂與分裂而造成中國解體」。

前者會成為「強大的中國」，後者則是朝向「脆弱的中國」發展的劇情。前者對鄧小平而言是「最好的劇情」，但是對周邊諸國來說並非如此。前者具有兩個可能性，一個就是政治大國中國形成經濟大國化，同時追求亞洲地區的霸權，造成軍事大國化，形成亞洲不安定化的劇情。以經濟力爲背景，當歷史傳統的中華意識與共產主義無產階級意識的殘滓相結合時，後者的可能性較高。另一種就是隨著經濟大國化，自覺到成為地區大國的責任，在競爭共存中尋找亞洲安定化的劇情。

關於後者「脆弱的中國」，也有兩個可能性。一個就是經濟的困難加上政治的紊亂，導致亞洲不安定化的劇情。另一點就是已經表面化的經濟地區割據，與政治的紊亂和社會的不安定化一併出現，而形成長期的混沌，經過一段時期之後，就會出現「由數個中國」而造成的「中華聯邦」。這就是使亞洲安定化的劇情。以長期的觀點來看，台灣、香港或少數民族的自治、獨立，對於亞洲安全保障來說，能夠發揮安定的作用。但是必須要經歷產生大量難民的長期陣痛，因此，必須要有付出代價的覺悟。這個劇情的可能性以短期來看並不大。不過，為了防範這些事態，國內（日本）必須要在事前做好萬全的準備。

在這些劇情當中，實現可能性較高的是在短期內的「共產黨開發獨裁的持續」，中長期則是「強大的中國」與「脆弱的中國」。問題在於哪一種劇情對於亞洲及國內的安定和發展而言是「希望的劇情」。

為了維持日本的國益，我們所希望的「劇情」，就是自覺到責任的大國與形成「聯邦」的劇情。對於日本的國益而言，到底何種才是最好的劇情呢？我不得而知。然而就短期來說，與其希望是一個會持續不安定的「聯邦」，還不如希望是一個「大國」的存在。但是就長期來說，為了能確保政治的軟登陸，也許希望是後者的存在。

由多國間關係中協助中國

中國目前是僅次於日本的亞洲第二經濟大國。只要能夠維持「一個中國」，即使道路迂迴曲折，今後也可能會經濟大國化。因此，必須要防止其成為「軍事大國」，並努力促進其「責任大國」化。當然也需要檢討關於「軍事大國」的處理問題。不過，在提出警告避免其「軍事大國」化的同時，也必須要協助其朝著「責任大國」的方向發展，這才是預防「軍事大國」化最有效的措施。

中國會變成什麼情形，對於冷戰後亞洲安全保障而言是相當重要的要因。在洞悉中國將來的同時，也必須要努力引導中國朝建立亞洲新安定秩序的方向前進。不僅是美國，亞洲諸國也要緊密協助，促進中國的轉型。

因此，中日關係不能再像昔日一般地考慮第三國反應，而需要重新評估「兩國間的特殊關係」，摸索冷戰後應該建立的「新關係」。

總之，目前對日本來說，要從根本上來檢討內容，同時，為了確保具有更高的影響力，需要努力協助中國。

中國經濟藉著開放化與市場化而逐漸發展。這個方向已經成為一股不可逆的潮流，現在是中國經濟大國化的實現階段。而要達成這個目標，日本扮演重大的角色。目前，維持良好的中日關係，相當的重要。今後經由發揮這個作用，就能夠確保對中國的影響力，對日本經濟而言，最希望的就是中國經濟的安定發展及成為巨大市場。為了促進中國經濟的安定發展，引導中國能夠成爲與國際社會協調的「責任大國」，在中國的經濟改革上，必須儘量予以支援協助。

當然，鄧小平後的中國動向會對日本及亞洲造成很大的影響。中國一方面推進經濟改革，期待能夠在國際社會中發揮極大的作用。但是另一方面，政治的改革依然緩慢，經濟與政治的不平衡，造成將來的不安定。中國當然希望民主化及推進人權的改善，不過，實現性急的要求，卻會在內外造成混亂與緊張。只要看要求對中國最惠國待遇更新的美國政策之失敗，就能夠了解了。今後當然還會提出民主化改善人權的要求，但應該要以更直接方式協助中國才對。

提及協助，當然就必須將之前所敍述的「兩國間的特殊關係」推上檯面。對於對中國的經濟發展和軍事強化抱持深切戒心的東南亞而言，其對於中日兩個亞洲地區大國的「特殊關係」的緊密化，當然會疑心生暗鬼。

應該要以和美國的同盟關係爲基軸，在與東南亞諸國和澳洲等亞太諸國的攜手合作之下協助中國。而在ＡＳＥＡＮ地區及ＡＰＥＣ等多國間協議之中，也應該要納入中國問題加以討論才對。

對於周邊諸國來說，中國的安定、發展以及民主化的軟登陸十分的重要，而中國強化國防力對於周邊諸國會造成何種威脅，大家也必須率直地對中國提出忠告。

在冷戰後亞洲安全保障上最重要的事，就是採取「富國強兵」政策的中國的動向。有鑑於高膨脹率，因此，中國國防費用的急增，很難讓人認為意味著急速擴展軍備。然而不可否認的，的確慢慢地在擴充中國的軍力。在中國國防政策不透明的狀況下，國防支出增加，會加速「中國威脅論」。希望能夠詳細說明支出的項目，明白表示國防政策的實態，採取能夠建立對中國軍事體制信賴性的措施，這是較爲理想的做法。

具體措施，像一九九三年十二月第一屆中日安保協議中，日本方面所提出的要求，就是發表「國防白皮書」。當然會要求中國軍事政策的透明化。而中國方面，明白周邊諸國的意圖也很重要。進行擴大亞太地區政策負責人、研究人、制服組的交流，加深溝通，避免雙方的威脅或鼓勵擴充軍備的不智之舉。這些都是ASEAN地區應該採取的措施。

在互助合作方面，當然希望中國更為開放化，更能夠加深雙方的依賴關係。因此，對於以往在中國經濟的開放化，展現實績的經濟援助上，必須要使其持續實行。但是，像以往這種偏重於直接經濟發展的援助，或「要求主義」的被動援助，都是令人困擾的行為。

以往，基於中國的要求，日本對中國的經濟協助方面，特別偏重於擴大生產力的範圍。已經成為經濟大國的中國，日本在對中借款是否要持續的問題上，以及關於協助的方式、金額、範圍等，必須要重新加以評估。即使要協助，今後也不能夠只配合中國中央政府的便利，而必須要注意到地方政府與日本方面的意向。

今後應該站在長期的觀點上，將著力點置於基本原則的整備上。例如，腳步遲緩的內陸開發之援助、國有企業的民營化及金融制度改革等科技的提供，以培養人才為主體的教育ODA的供給，還有現在成爲世界新問題的酸雨、公害等對於環保的資金和技術的提供等，都必須是協助的重點。

這些應該由日本主動選擇而加以推進。在日本國是ODA大綱中所提示的原則，表現日本對於中國軍事力增強感到憂心，應該以東南亞諸國的同意為前提，明白表現出適用於中國的姿態。

但是想要誘導這種「希望劇情」的發展，日本的努力是否能有效地發揮作用，關鍵在於中國方面是否認識到日本的協助是不可或缺的。由這個意義來看，結論就是日本本身必須要努力成為對中國而言是不可或缺的存在。而日本對中國而言，如果是具有魅力而不能夠欺侮的國家，那麼這才是最大的對中政策。

為了維持良好的中日關係，在經濟力、技術力、國際威信等綜合國力上，日本遠超過中國，對中國而言是魅力國，必須經常讓中國認淸這個事實。中國無法捨棄古典的中華意識與力量政治觀，將適合「大國」軍事力的增強視為理所當然的狀況，日本在這一方面，則不論內外兩面，都要認真地建立一致的意見才行。

第三章　中國政治的動向

——共產黨獨裁與傳統王朝

中國政治——循環的歷史

「失去鄧小平的中國」，會形成何種狀況呢？應該和「擁有鄧小平的中國」一樣，雖有若干的動搖，然而江澤民體制因襲改革、開放路線，應該能夠渡過大老鄧小平時代的過渡期。

在政治方面，以江澤民爲主的領導體制已經宣布「繼承作業結束」。在經濟方面，自一九七八年以來的改革、開放，得到莫大的成果，今後仍然可望維持高度的成長。在社會方面，由於覺醒的經濟發展，使得國民全體的生活提昇，建立了穩定的基礎。

但是，不可忘記的是，目前能夠確保這些要因，就是因為超過官方最高決定團體的「更重要的問題的掌舵者」（一九八七年十一月摘錄黨中央委員會的秘密決議），仍然在於鄧小平的魅力。這才是驅動以往中國政治的原動力。失去鄧小平，這些條件是否能夠持續存在，目前無法論斷。

預測將來時，不僅要分析目前的情勢，也要了解現狀在歷史文脈中所占的地位。尤其是擁有五千年歷史的中國，採用這種方法更爲有效。「失去鄧小平的中國」，或多或少都與大小兩個歷史的連續性有關。這些因素驅動以往的中國政治。

一個就是歷史的循環論，即數十年來中國「大」的歷史的連續性。「天下大治」與

「天下大亂」，向心力與離心力的爭執，就是其中之一。在「大治」的統一中國，自秦始皇以來，一定存在獨占權威與權力「定於一尊」（由唯一者決定真理）的情形。在近代中國，孫文是「定一尊」化的「中國革命之父」，被稱為「國父」。其次，毛澤東被視為「定一尊」化的「人民救星」。繼承毛澤東的是鄧小平，被稱為「改革、開放的總設計師」。

在無法建立「一個中國」時，就會「有數個中國」競爭共存，有時甚至會出現大亂。這是「混亂」的狀態，比統一中國的期間更長。秦朝以前，春秋戰國的爭霸，後漢以後魏、蜀、吳三國鼎立，隨唐以前的南北朝，宋代以前的五代十國等群雄割據的時期，「混亂」度還很小。在近代史中，清朝中期以後信仰彌勒的白蓮教徒之亂及洪秀全的太平天國之亂、辛亥革命後的軍閥割據、中華民國中成為國內國家並存的共產黨的中華蘇維埃共和國，以及國民黨與共產黨的內戰等，繼承了混亂狀態。毛澤東認爲一九二〇年並未出現統一國家「一個中國」，主張包括自己出生地湖南共和國在內，全國二十七省的獨立國化而建立聯邦制國家。

中華人民共和國期統治的廣域度和滲透度方面，堪稱是異例時代。王朝期的中國，雖說是中央集權，但是皇權所及之處只是皇帝勅任的官僚所統治的縣級而已。其下以農村爲主的廣大地方末端，只是向中央繳納稅金，事實上卻形成了獨立王國。但是，中華人民共和國則是共產黨的組織網路從中央遍及於地方末端。而且到一九六〇年代前半期止，獻身的黨員、幹部以毛澤東的思想為主，進行無產階級教化及監視工作，貫徹黨軍、解放軍的物理壓力。

因此，中央政權的威令滲透到都市、農村各個角落，以往所不存在的「一個中國」的統合，持續了將近半個世紀。統合的象徵就是「毛澤東思想」與「鄧小平理論」，這是「真理」基準，是由毛澤東與鄧小平決定「真理」。

「失去鄧小平的中國」，即使沒有「定一尊」化，但已備好確保「大治」的新統合系統，那還不要緊。的確，民主化是可以選擇的一條路。然而誠如一九八九年天安門事件所象徵的，成爲系統機能所需要的中產階級的誕生及教育普及等基礎結構並不足。

的確，雖然經濟發展迂迴曲折，然而長期持續，都市化也日益進步。二十一世紀最初十年內，都市人口為半數以上，都市的個人GDP上升到接近二千美元。有民主化負責人之稱的中間階層，也占較大的比例。不僅是初等教育的九年，包括大學在內的教育都相當普及。因此，民主化的可能性比以往更大。但是此時有七億以上的人，仍然是農村人口，個人GDP仍遠遠追不上二千美元。現在有二•六倍以上的收入差距，想要縮小與都市的差距並不簡單。在農村的文盲率接近三〇%，並未得到大幅度的改善。這些差距對於整個中國的民主化而言，並不是簡單的事情。

因此，需要「定一尊」化，但是目前尚未抬出能夠取代鄧小平地位的魅力人物。除了血統以外，用禪讓的「定一尊」化的事例，在中國史上幾乎不曾出現。

王朝本身的交替或王朝內部皇帝的讓位，只是維持禪讓形式，實質上卻是權力、權威的篡奪。所以「定一尊」化需要禪讓，亦即繼承前任的「定一尊」，然而同時也要篡奪，亦即否定前任。

現代中國在一九七六年毛澤東死去之前，讓位給華國鋒時曾說：「有你在，我就安心了。」而在毛澤東死後第六年，包括黨主席在內所有的權力三度都從肅清中復活的鄧小平，在一九七八年末篡奪。華國鋒墨守毛澤東的決定與方針，想要確保地位，繼承毛澤東的魅力。而鄧小平則主張「實踐是決定真理的基準」，由此立場批判華國鋒，奪其實權。鄧小平讓位給江澤民，江澤民為了將鄧小平所禪讓的權威與權力成爲己有，故必須要面對「篡奪」的考驗，能夠超越考驗，才能正式被承認為新的「定一尊」。超越考驗，就是要肯定鄧小平前任的「定一尊」（例如，現代化或改革、開放），同時，也要超越鄧小平的否定（例如，對天安門事件的評價重新給予評估）。

當然，在過程中可能會對於這個「定一尊」的認知，引起激烈的反彈或抵抗。有時可能必須要解除領導者的職務，或伴隨武力的權力鬥爭，甚至引發國內的混亂。但江澤民或除了他以外新領導者的「定一尊」化，最快至少要持續到香港歸還及接下來的黨大會召開的一九九七年。如果失敗，則不論中央與地方，在全國都會出現離心力。

現在一個大的歷史的連續性，就是「中華」世界的不變。不論是「大治」或「大亂」，「一個中國」或「數個中國」，只是「中華」世界歷史的一個階段而已。例如，即使是異民族征服王朝，結果也是「中華世界」。不論是金、元、清，歷代異民族王朝全都喪失了民族意識，融入「中華」世界中。在現代，台灣（中華民國）、中國大陸（中華人民共和國）都在「中華」觀念上達成一致。加強獨立志向的台灣，也自許為中華民族的末裔（龍的子孫），比中國大陸更率先提倡「中華經濟圈」、「華人經濟圈」。而中國大陸也呼籲海外華僑「振興中華」，在國內則提倡「中華民族」的愛國主義能代替社會主義無產階級意識，而發揮統合精神的作用。

所以，在中國人的歷史意識當中，依然認為「中華只有一個」。

中國政治——發展的歷史

像這些歷史的連續性，今後在中國政治的基底中仍然會流動著。但是，同時想要切斷這股潮流的非連續性的潮流也不容忽視。那就是歷史的發展論，是小規模的歷史連續性。這個連續性，自一八四〇年鴉片戰爭以後，歷經一百五十年，一直出現在中國近代史的潮流中。

近代中國史，在名義上，政治體制的專制王朝已經消滅。自一九一一年辛亥革命使清朝解體之後，革命後的國家命名為「中華民國」，嘗試議會制民主主義。革命領導者孫文以民主主義為主，提倡三民主義。

北洋軍閥最高領導者袁世凱，在一九一六年嘗試帝政復活，就任皇帝寶座。但是，卻幾乎遭到所有的政治勢力的激烈反對而退位，不久之後就死去了。「復辟（王朝復活）」後來也出現數次，但在短期內就遭瓦解。

不論是割據的軍閥、國民黨或共產黨，事實上標榜共和、民主的政治體制十分重要。現在國民黨撤退到台灣，而名實都已定著於民主制。一黨獨裁的共產黨，事實上在創立之初就提出「社會主義的民主主義」。而共產黨也無法否定民主制是近代史不可避免的產物。

而更大的歷史的連續性，就是一邊標榜民主，一邊致力於「定一尊」化的王朝傳統，並不伴隨著民主的實質。如前所述，即使實現民主化，還潛藏著傳統。不過，大老鄧小平在觀察中國政治時，認為今後登場的領導者、政黨、政治勢力，都必須要標榜民主，同時也要注意到與近代以前的中國史斷絕的中國近代中的歷史之連續性。

而且小的歷史的連續性，目前還存在著國際壓力。中國近代史是由包括日本在內西方列強的侵略而開始的，建國以後的新中國，在多方面選擇「自力更生」為口號，進行鎖國的政策。這也是基於美國的「封鎖中國」政策之冷戰時代所造成的國際壓力而不得不採行的選擇。

在亞洲冷戰產生變化，中美急速接近，中國踏出改革、開放路線。結果從一九七八年末以來，以經濟為主，一氣呵成，進行開放化。在經濟方面，對外依賴度（GNP所占對外貿易總額的比率）達到四〇％，中國經濟已經融入國際經濟當中。由於經濟開放，各種情報自海外流入，不僅是知識份子，也滲透到一般國民的心中。而以昔日「毛澤東思想」的無產階級意識來進行統治，已經變得十分的困難。鄧小平自己在一九八九年也承認：「國際大氣候（國際壓力）的波及是無可避免的。」

「失去鄧小平的中國」是不透明的。但是，如果將其放入歷史的文脈中，則「失去鄧小平的中國」雖不具確實的姿態，然而其方向並非不透明。至少對於政治的「將來像」而言是如此。

共產黨的一黨獨裁

以組織而言，驅動現在中國政治的，就是中國共產黨。自一九四九年建國以來，經過四十五年以上的時間，一直持續一黨獨裁體制。

能夠存續，當然有其理由存在。首先就是包括日本在內西方列強的侵略，使得民族解放與獨立，以及從飢餓中解放出來等，引導中國革命走向勝利的建國實績。因此，有人說：「沒有中國共產黨，就沒有新中國。」這個記憶仍然滲透到一般民衆的腦海深處，對於共產黨的將來，仍然抱持很大的期待之心。

第二點是，建國剛過後中國所面臨嚴格課題的存在。在美蘇冷戰當中，以韓戰為契機，由於美國的封鎖而陷入國際孤立中，中國必須要進行新的國家建設。而且，與國民黨激烈內戰的結果，還存在一些對政權抵抗的勢力，因此，需要進行經濟復興，除去社會不安，確立政權基礎。

雖然共產黨政權所走的路迂迴曲折，但是，卻能夠達成經濟的復興與發展，確保「溫飽（最低限度的生活）」，以及相對的生活水準的提昇，消除平等主義徹底導致的不公平感，國家、國民的統合，確保安全保障及提昇國際威信等。這些都是建國以後共產黨政權實績，也能夠使人民再度確認對黨的信任。

第三點是，能夠出現這些實績，乃是共產黨領導技術的蓄積。革命時代農民為主體的黨的基本性格，幾乎沒有改變，重點置於精神教化的大衆動員運動，以及利用階級鬥爭解決問題等，這種做法在建國後依然持續著。決定性的做法則是「槍口下產生政權」，解放軍不是「國軍」，而是「黨軍」，由黨所獨占，貫徹黨的一元化領導。以建國的實績及物理的強制力為背景，共產黨確保一黨獨裁，民主諸黨派等他黨不具有能夠與其對抗的可能性。

中國共產黨自建國以來，一貫的作風，就是不允許在野黨的活動，只進行一黨統治。像日本或歐美的複數政黨制，不同的政黨採納不同的民衆意思。而對於政權黨的反對意思，也由在野黨代表。然而，一黨獨裁的中國共產黨，建國後由五億人到現在的十二億人，儘管人口激增量龐大，但是各種利益與意思仍然集中於一黨身上。

因此，在方式上，一種就是基於長期革命鬥爭體驗中所編出的大衆路線，另一種就是意見團體的政治。

大衆路線是黨與黨外大衆之間的政治過程——表現大衆的意思、意思收集、決定政策、執行政策的循環過程——的領導方法。其精華就在於毛澤東所說的「來自大衆，走向大衆」。所謂「來自大衆」，就是黨透過與大衆的日常直接交流，聽取大衆所表明的「分散的、不具系統的意見」，而透過研究，加以集中，轉換為有系統的意見」。亦即作成政策選擇。

能夠確保這個方式有效性的，就是遍及地方末端之組織的網路。國民幾乎都納入這個網路之中。在農村，昔日有人民公社、生產大隊與生產隊，現在則有村民委員會及其小組，都市有國有企業、事務所、學校、街道委員會及其下部組織的居民委員會等。這些組織中一定有黨委員會或黨支部，黨員幹部要經常與民衆進行日常的對面接觸。而從

圖3-1　中國共產黨的組織圖（1992年的14全大會）

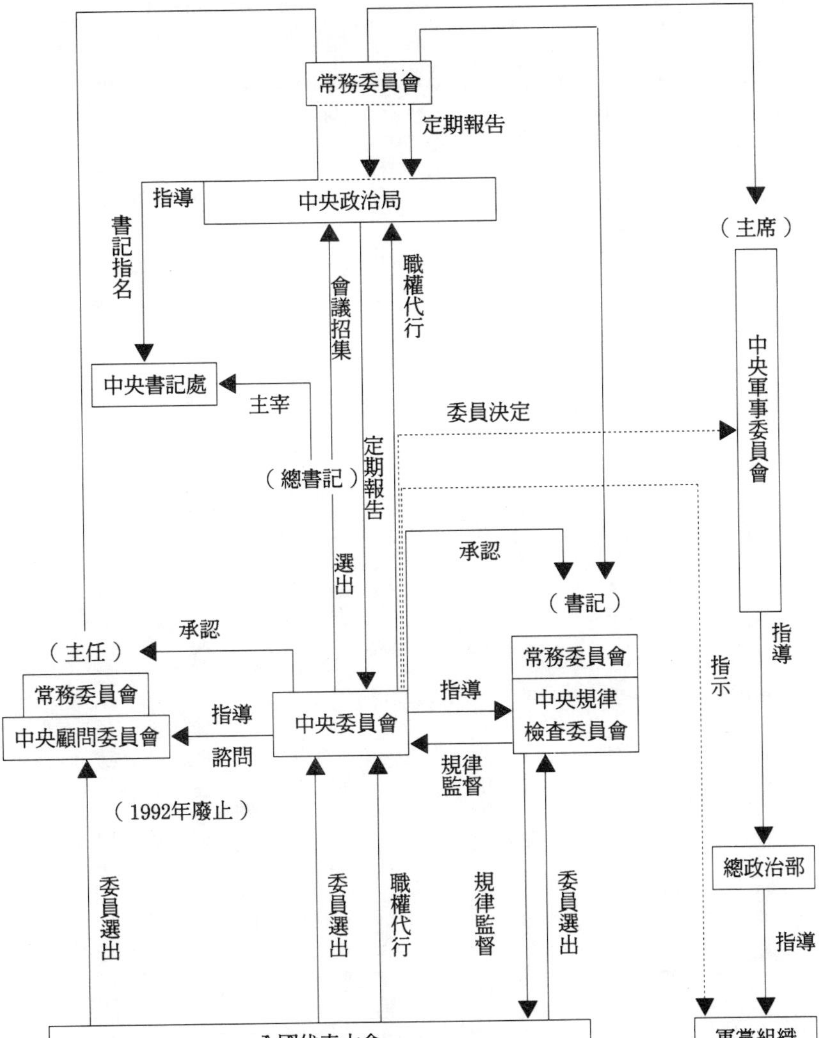

資料：『中國總覧1992年版』

中吸收、收集分散的民衆利益。

然而，只採取這種大衆路線方式，無法充分收集巨大、多樣化的民衆利益及意思。未能收集到的利益或意思會成為「敵對矛盾」，會藉著「生或死的階級鬥爭」而加以排除。在一九五六年，階級對立曾被宣布基本上已經消滅了。黨的主要任務是由階級鬥爭轉為生產力的發展。但是，在翌年展開「反右派鬥爭」，再度強調階級對立尚未解決。這個階級鬥爭，又成爲實現共產主義社會之前長期過渡期的主要任務。「階級鬥爭」是毛澤東發動的，從一九六六年～七六年的文化大革命中，激烈的階級鬥爭中曾使數億人深受其害。而階級鬥爭從主要任務的寶座上正式被去除，則是在一九七八年末的黨第十一期三中全會中進行的。

不過，目前大衆路線幾乎已經陷入機能不全的狀態中。組織的網路，隨著改革、開放的進展，在農村則人民公社解體，在都市則國有企業的改革、個人經營、私營及外資系企業的抬頭等，一切都變得形式化。

各種國民的利益、意思的收集，現在由黨內容許複數意見的意見團體政治來進行。最後仍然是以黨內團結為前提，對於具有爭論點的黨內不同的意見團體，則以比較自由的討論方式，嘗試類似複數政黨制的做法。

到一九六〇年代初期為止，最後的黨內團結，經由目的（維持與強化新政權、革命

圖3-2　國家機關的組織圖

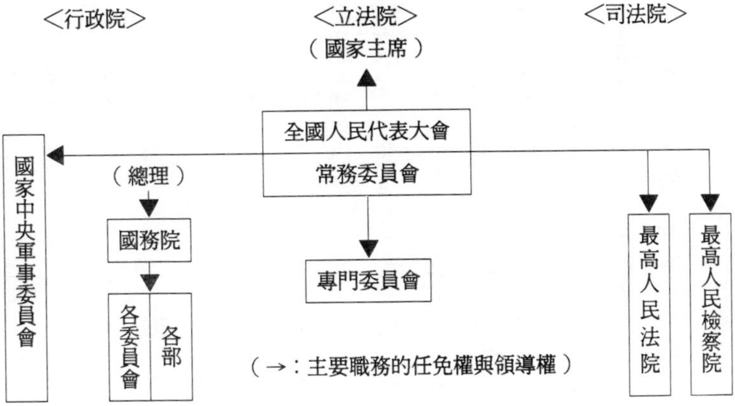

資料：小島朋之『中國的政治社會』

圖3-3　國務院的組織圖

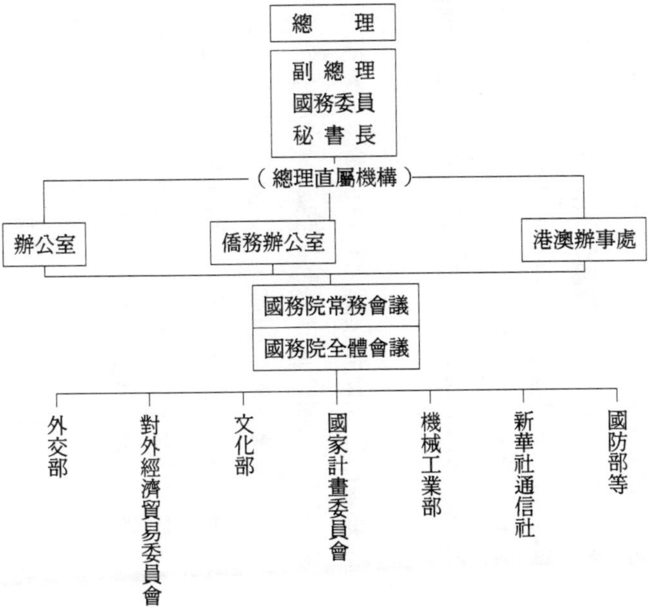

與建設社會主義）和體驗（革命、戰爭）的共通性而加以確保。而象徵這個共通性的，則是獨占權威與權力的「定一尊」化之毛澤東的存在。具有爭論點的激烈的黨內鬥爭，藉由其最後的裁決進行政策決定後而維持黨內團結。

不過，意見團體的政治也因文革而喪失了國民利益、意思的收集機能。黨內凝聚力的泉源，急速脆弱化。伴隨著政權的安定化，領導者在直到一九六〇年代前半期為止，存在的共有目的已經形式化，而革命體驗的同質性也變得淡薄。由於他們長期負責細分化、專門化部門及地區統治的任務，因此成為各目的利益代表，較不容易考慮整體，而以個別利益為優先考慮。而且，領導者當中，不是有革命體驗的新世代抬頭了。而決定性的因素，則是由於老齡化及五〇年代後半期大躍進政策失敗，被追究責任的毛澤東辭去國家主席的職位，喪失了權威與權力而形成了陰影。

雖然毛澤東本身退出第一線，可是卻對在第一線掌握實權的國家主席劉少奇及黨總書記鄧小平貼上「走資派（走資本主義道路的團體）」的標籤，加深對立。結果毛澤東發動文革。毛澤東為了奪回權力，使黨內團結的泉源喪失，最後以黨內團結為前提的意見團體，包括毛澤東在內，成為由於獲得權力而希望實現個別利益的「派系」。與「要生還是要死的階級鬥爭」表裡一致的派系鬥爭，在文革時期達到顛峰。在黨內鬥爭中，很多的領導者被視為是「階級敵人」而遭到肅清。意見團體的政治，已經無法發揮較為自由的國民利益的集約場之機能了。

文革結束以後，共產黨必須要恢復政權黨的機能。鄧小平認爲恢復這個機能，其中之一就是恢復「安定團結」，另一點是「生氣蓬勃」、「民主的發揚」。

關於前者，否定「敵對矛盾」適用於黨內鬥爭，放棄以階級鬥爭為主要任務的路線。在文革期間失勢的大約三百萬黨、政幹部的名譽得以恢復。在文革結束之後，雖然還有黨內鬥爭，但是除了流放四人幫以外，階級鬥爭已經不適用了。

為了恢復後者的「生氣蓬勃」，黨嘗試「民主的發揚」。名譽的恢復，不僅在於文革期的黨、政幹部，甚至擴大到黨外民衆。「敵對矛盾」被排除，遭到迫害的五十五萬「右派」知識份子、七十萬小商人、手工業者、十六萬資本家、二千萬人以上的「四類份子（地主、富農、反革命、惡質份子）」及其子弟的標籤被撕掉，允許他們加入「人民」中。被視為「反革命」而遭到判罪的一九七六年天安門事件的評價也完全逆轉，被讚許為「革命的行動」，事件相關者得以復權。

然而，「民主的發揚」仍有一定的界限。從一九七八年十一月開始到翌年初為止，民衆方面發起「民主化運動」（北京的春天），許多的大字報與雜誌發行，反黨、反社會主義的主張也被大膽提出。不過，這些「生氣蓬勃」卻未得到黨的允許。鄧小平批判「民主化運動」，提示民主的容許界限「堅持四個基本原則」。而原則的「核心」，就是共產黨的領導。

從決定政策到執行的構造，全都由共產黨獨占。黨權從中央的國家機關滲透到末端的小團體，決定並執行一切。建國以前的抗日戰爭及國共內戰等臨戰體制下所建立的「一元化領導」原則，在一九八九年天安門事件之後再度強化。

一黨獨裁從組織制度與人事兩方面加以貫徹。首先是黨的組織網，對應各個負責的國家機關而加以配置。國家機關則置於黨的「雙重領導」下。一方面是接受各國家機關內部黨組織的領導，另一方面則置於其上級機關內的黨委員會的領導下。在國家機關內部，則以居於領導地位的黨員幹部為主，具有設置「黨組」的義務。

就人事方面來看，也保證黨的「一元化領導」。自一九五〇年代後半期開始，所有重要的地位都由黨員所獨占。進入一九八〇年代以後，黨取得一切，進行「一元化領導」，而由黨的特權化造成的腐敗及行政的停滯遭到批判，同時加強改革。這就是政治體制改革，黨領導開始嘗試設有界限的改革。

當時的總書記趙紫陽在一九八七年十三屆黨大會中，批判黨的行政代行等，限定「黨的領導是政治領導」，提倡黨與行政權限分離。這就是所謂「黨政分開（分離）」。廢止政府專屬的黨委書記及常務委員，與政府部門重複的黨部門加以廢止，廢止設置於國家機關與大眾團體內部的黨組，禁止黨規律檢查委介入行政，同時決定各企業、事業單位內的黨組織的管轄權，交由同級的地方黨委來管理。

不過，在「政治指導」方面，黨的指導是「對內政、外交、經濟、國防等各範圍重大問題進行政策決定」。為了追求實效性，黨在「國家的政權機關推薦重要幹部」。亦即重要政策的決定權與人事權，依然由黨所獨占。

個人獨裁的毛澤東及與其息息相關的黨主席制，全都加以廢止，以避免造成「一元化的領導」成為個人獨裁。但是，仍然允許超越制度的領導者的權威存在。鄧小平直到一九九〇年為止，從所有正式的領導地位退休，但依然被公認爲「思想正確」的最大實力者。

壓倒性的共產黨組織

從一九八七年十月的十三屆黨大會到一九九二年末為止，有九百二十七萬四千人新加入共產黨（『人民日報』九三年六月十六日）。八七年末的黨員數為四千七百萬人，除了死亡者或離黨者以外，到九二年末，超過五千五百萬人。不過，十四屆大會（一九九二年十月）時，有超過五千一百萬黨員（『人民日報』一九九二年十月七日）。到了十三屆大會以後，有七百五十一萬二千人新加入黨。如果連九一年末的入黨者一併計算，則九二年時一年內就有超過二百二十一萬二千人入黨。附帶一提，八九年入黨者一百十三萬，九〇年一百三十萬，九一年　百六十三萬人。

在七百五十一萬二千人之中，勞工占一百七十七萬四千人（二三・六%）、農牧漁民占一百十七萬四千人（十五・六%）。這幾年新入黨員之中，高學歷青年占壓倒性的多數。高級中學以上的學歷、三十五歲以下占新入黨員的三分之二。在所有黨員之中，高級中學以上的學歷占三四・九%（七八年末為十二・八%）。小學畢業或學歷更低者從五八・四%降為三六・三%。末端單位的黨組織已經有三百二十四萬個。

因為違反黨內規律及法律而遭到處分的黨員，正式統計並不多。每年約只有三%的黨員而已。到一九九二年末為止的五年內，違反黨內規律的件數為八十七萬四千六百九十件，處分黨員為七十三萬三千五百四十三人。其中被黨除名者為十五萬四千二百八十九人（『求是』九三年第七期）。此外，從九三年九月開始的反腐敗鬥爭中，到十二月末為止的四個月內，共有四萬二千　百九十五人黨員幹部因違反規律而遭到處分（『北京週報』九四年第十五號）。

然而即使有這些正式文獻，在整個黨中五%～一〇%的黨員「不合格，無法發揮黨員的先進模範作用」。在一九七八年末三中全會以來離黨者不到全黨員的一%，只有四十三萬人。從一九五一年開始到六五年，有一〇%被除名離黨，因此認為「不合格黨員的排除還不夠，反映出黨管理並不嚴格」（『探索：哲社版』九三年第五期）。

一九九二年秋天的十四屆黨大會及其一中全會中，在長老領導者的權力基礎中央顧問委員會被廢止的同時，大幅地更換黨中央領導部成員。

中央委員會半數退休，新人占四六・七％。中央委員的平均年齡為五十六・三歲，比十三全大會的中央委員年長一・一歲，五十五歲以下占整體的六一％（十三屆大會為四六・三％）。大學畢業以上的水準占八三・七％（十三屆大會為七三・三％），擁有中高級以上的專門職務頭銜者占四四・五％。

大會結束之後，召開一中全會，選出中央領導機構的成員。首先選出政治局委員及候選人、政治局常務委員會委員、中央委員會總書記，在政治局常務委員會的指名下，選擇中央書記處的成員，決定中央軍事委員會成員，承認在中央規律檢查委員會第一屆全體會議中所選出的書記、副書記與常務委員會。

這一次的領導部人事，首先是依循改革優先與新舊交替的原則，貫徹大老鄧小平的領導體制。廢止中央顧問委員會，傳聞要設置顧問小組取而代之，但是並沒有設置。保守派無產階級也被排除，大量注入以改革派為主的新血。

政治局常務委員會委員定數由四人增為七人，保守派的姚依林、宋平以年齡為由退休，取而代之的，乃是得到鄧小平讚賞「非常了解經濟」朱鎔基副總理，由中央委員後補中大力被拔擢。而四十九歲的胡錦濤也從西藏自治區黨委書記兼黨中央委員的職務中大力提昇，並新加入中央顧問委員會委員軍人劉華清。

政治局定數由十八人增加為二十人，並進行大幅度的更新。一九八九年四中全會時為十四人（八七年十三全大會為十八人政治局委員）中有八人退休。包括楊尚昆（八十五歲）、萬里（七十六歲）、姚依林（七十五歲）、宋平（七十五歲）、李錫銘（六十六歲）、楊汝（六十六歲）、吳學謙（七十一歲）、秦基偉（七十八歲）（一九九二年當時的年齡）。都是以高齡為由而退休。取而代之的，則是在改革、開放中展現實績的廣東、上海、天津、山東等地方的領導者，以及國務院的科技人才被升格為政治局委員或中央委員。

政治改革與一黨獨裁

政治面的範圍，依然是維持共產黨的獨裁體制。不允許多元化利益團體表現利益所需要的共產黨以外複數政治團體（政黨）的存在。

在「經濟體制改革深化的同時，我們要更進一步地推進政治體制的改革」（『人民日報』一九九二年四月八日）。而江澤民則認爲政權無法否定政治改革。自天安門事件以後，尤其在事件以後「已經渡過最困難的時期」，到了一九九一年後半期，開始提倡政治改革。

但是，政治改革的範圍與內容，都嚴格地設定界限。只不過是「政治體制改革全體的目的在於強化社會主義制度，同時必須是在鞏固黨的領導上有利的方法才行」。一開始就排除導入複數政黨制等。認爲「中國實行的是中國共產黨領導的多黨協力制」，民主黨派並不是為了獲得政權而與共產黨競爭的「在野黨」，而是接受共產黨指導的「參政黨」。「如果在中國實施『複數政黨制』，一定會引起極度的混亂，經濟衰退，人民再度嘗受塗炭之苦。這並不是中國人民所希望的」。

在這種嚴格設定界限的政治改革現狀中，今後能夠期待其產生變化嗎？共產黨本身的政治改革進展並不是這麼大。鄧小平被選為胡耀邦、趙紫陽的後繼者，最後被捨棄。胡耀邦在一九八六年末的「學潮」（民主化學生運動）中，趙紫陽在八九年的天安門事件所發展的民主化運動中，都允許包括共產黨獨裁體制變更可能性在內的政治改革，而鄧小平則以此為理由，認為「兩人都因反對資本自由化問題而垮台」。直到現在，他仍然認為「這是不能退讓的」。

「在政治體制改革面，可以指出的一點，就是我們必須堅持實行人民代表大會制度，並不是美國式的三權鼎立制度。實際上，西方諸國未實行三權鼎立式的制度。美國一直責難我們鎮壓學生運動，但是他們自己處理國內的學生運動與騷亂時，難道不會出動警察、軍隊，不會抓人、不會流血嗎？他們是在鎮壓學生與人民，我們則是平定反革命紊亂。他們有何資格批評我們呢？」

這是在利用軍隊鎮壓天安門事件之後的八九年六月九日鄧小平所說的話。直到現在，在江澤民體制下，這些敍述仍被當成「現代中國的馬克思主義」，視為是「應該認真學習」的文獻之一。

在中國，依然是「政治的鳥籠」。

但是，改革、開放加速化已經超越了可能後退的地點，那麼超越現狀的限制的政治改革的要求，應該會再度高漲吧！天安門事件是十年來改革、開放的產物。改革促進經濟多元化，當然也會提高政治多元化的呼聲。在天安門事件中，這個呼聲被力量所壓抑。不過，提倡政治多元化的呼聲，想要一直保持沈默卻很困難。因為經濟的多元化會使事件以後的情況更為加深。

而政權也釋放政治犯，允許急進改革派知識份子的出國，同時對於民主化的呼聲也要默認到某種程度。

天安門事件之前，參加民運的四位知識份子之一的劉曉波到澳洲，八三年在反「精神汚染」宣傳中被解除『人民日報』副總編的王若水夫妻也出境到美國。八六年末因「學潮（學生運動）」的關連而遭黨除名的知識份子方勵之、劉賓雁、王若望三人全都出國。在天安門事件當時擔任『世界經濟報導』雜誌的北京分局局長張偉國也得到出國的許可。

王希哲也被假釋。他在一九八二年被判處十四年徒刑，刑期到九五年四月為止，但在二月假釋。在七四年他是展開對共產黨獨裁採取嚴厲批判的大字報作者，李一哲團體中的一人。十年以上的獄中生活，使四十歲的他已是滿頭白髮。在七八年發生「北京的春天」示威運動的魏京生及天安門事件的學生領導者王丹，都被釋放了。

現在還可以聽到提倡政治民主化的呼聲。

「在許多範圍內，提出『現代化』的口號。例如，我們提倡在工業、農業、國防、科學技術方面都必須要實現現代化。但是，還有一些未提起現代化口號的範圍。雖然並不多，卻確實存在，例如在政治範圍，一般而言，並未提起現代化的口號。」

天安門事件之後受到批評的急進改革派的經濟學界長老于光遠，則認為要提倡間接表現的政治面的「現代化」（『經濟研究』一九九二年第十期）。這就是魏京生所主張的「第五個現代化」。

鄧小平在天安門事件後，對於造成事件「動亂」的要素的出現，說明「不惜任何手段，要迅速去除，即使採取戒嚴令或更嚴格的手段，也不受到來自外界的妨礙」。這個方針的堅持，再度被確認（『人民日報』一九九二年四月二十七日）。促進市場經濟化的改革加速化，對於經濟面而言是很好的，但是絕不允許連共產黨獨裁都被否定的政治改革加速化繼續擴大。

不過，改革加速化的潮流，促使自由競爭原理的市場經濟發展，擴大利益團體多元化及其自由競爭，所以不僅是在經濟面，在政治面無可避免的，也會要求「市場經濟」化。這時，不只是改革派與保守派的爭執，也會使得改革派內部的爭執更為加深。

到底改革、開放僅止於經濟面的多元化，還是也會擴大到政治面的多元化呢？如果說這是八九年天安門事件的背景之一，則這個問題對改革派而言，可以說是與處理這個事件同樣的難題。也許這時政治改革能夠超越向共產黨獨裁挑戰的禁忌狀況。

第四章 亞洲太平洋中的中國

——霸權與連帶關係

中國再評價論的抬頭

包括中國大陸在內，香港與台灣等中華經濟圈的貿易總額，一九九三年已超過日本。以往，日本僅次於美國、德國，為世界第三位，在九三年時，占世界貿易總額的八・五％，上升為第三位。而中國經濟在匯率上仍然占第八位的GDP，但購買力平價（日用品費等人民幣的國內購買力）已經超過日本，僅次於美國，居世界第二位。二〇〇二年時，包括香港、台灣在內的中國經濟圈，將會超過美國，成為世界第一經濟大國。

外交部長錢其琛說：「世界已經開始重新評估中國了。」

而「重新評估」的最大理由，正如這個試算所象徵的，就是「中國顯著的進步及值得矚目的成果）。同時包括「西方經濟持續陷入衰退狀況中，而中國市場仍具有潛在力」，「很多有志者已經認識到對世界的和平與發展而言中國的必要性」（『人民日報』一九九三年十二月十五日）。

對於國內的經濟實績得到極高的國際評價，中國因此產生自信，同時連帶地造成中國外交的躍進。總理李鵬也說：「在複雜多變的國際情勢中」、「外交活動展現新的成果」。

而「展現成果」的理由，一個就是前述的國內經濟的顯著發展，使經濟國益擁有優先的趨勢，另一點就是成為地域大國，努力改善、發展與亞太地區之間的關係。外交部長錢其琛說：「中國是亞太地區的一員，中國顯著的進步及值得注意的成果毋庸置疑，對於這個地區的安定與繁榮有所貢獻。」

中國外交的確在一九九三年末以前由於八九年天安門事件及蘇聯、東歐的解體，而從國際孤立化中完全脫離，開始採取積極的攻勢。象徵的例子，就是九三年十一月在美國西雅圖召開ＡＰＥＣ（亞洲太平洋經濟協助會議）的非正式首腦會談中，江澤民主席也出席了，同時也與美國總統柯林頓進行首腦會談。前者確認中國不論內外都是亞太地區的大國，而後者則意味著自天安門事件以來產生鴻溝的中美關係逐漸修復。

重視亞洲發展的外交

關於前者，在「動搖多變」的國際情勢之中，認為只有亞洲地區「政治相對的安定、經濟的持續發展等良好的趨勢一直保持著」，而中國外交則積極朝向與這個地區的關係發展方面展開。天安門事件以後，脫離孤立，改善與亞洲周邊諸國的關係，自一九九一年以來，和印尼恢復邦交，和新加坡的邦交正常化，九二年八月和韓國建交，完成與周邊諸國的關係正常化。

在「全方位保持良好狀態」的與亞洲諸國的關係上、在地區的安全保障上，比以往更為積極。主席江澤民不再執著於兩國間協議，而採用地區性多國間的形式，表明接受多國間的管道之安保對話（『人民日報』一九九三年八月九日）。九三年十一月的APEC非正式首腦會談，也確認了這個姿態。

此外，也致力於參加該地區經濟發展的連鎖構造。對於中國經濟而言，與這個地區的關係發展非常重要。來自海外的直接投資，一九九三年為一千二百億美元，其中的八〇%來自台灣、香港及東南亞的華僑。同時，對這個地區而言，急速發展的中國市場深具魅力。外交部長錢其琛也說：「亞洲的安定與發展，需要更為開放繁榮的中國。」（『北京週報』一九九三年八月十日號）。

因此，中國對於馬來西亞首相馬哈迪所提倡的EAEC（東亞經濟協議體），也保持一貫的積極態度加以支持。此外，也以「三個中國」的姿態，和台灣及香港一起參加APEC。

中國的領導者們也充分認識到這個華僑、華人經濟力對中國經濟而言非常重要，而加以利用。鄧小平在一九九三年春大曾說：「中國具有世界各國所沒有的獨特機會。亦即有數千萬愛國同胞在海外，對祖國深深貢獻。」

江澤民也在九四年三月對於菲律華僑訪中團表明「熱烈歡迎」，並說：「一旦統一，中華民族一定能在世界上占有極重大的地位。個人名譽事小，中華民族的大事業最為重要。」藉此喚醒華僑、華人的愛國主義。

中國外交進入一九九〇年代以後，增強重視亞洲的姿態，其背景就在於這層考慮。而這層考慮更被直接加以提出的就是三個「三角」戰略。一個是「小三角」，包括中國大陸、香港與台灣，亦即「中華經濟圈」。第二個就是「中三角」，就是中國、亞洲NIES與東南亞。第三個是「大三角」，就是中國、日本和美國。

藉著「小三角」急速經濟的結合，現在「是榮枯盛衰與共的情勢」。而「中三角」則是「互補、互相競爭」。「大三角」有互補的一面，但是「摩擦與衝突」面也很強。因此，對中國來說，最好的戰略就是依賴「小三角」，獲得「中三角」，而與「大三角」交涉。

這並不是現在中國的亞洲戰略。然而，無可否認的，的確具有這種傾向。現在想要脫離中國而獨立的台灣，對於納入「小三角」中表示反彈，但是卻無法離開「中華民族」這個關鍵字。事實上，前述的「中華經濟圈」的貿易總額已經超過日本，這並不是中國，而是台灣政府的發表。關於「中三角」方面，也希望納入新加坡等東南亞各國對經濟有影響力的華僑、華人的「中華意識」。

不過，這些戰略，只會加深亞洲周邊諸國的戒心。例如，對有石油資源的南沙群島，大家爭相表明占有權，因此，中國和越南、菲律賓等印尼和東南亞諸國對立。對立的背景，就是持續六年來國防費用一直增大，對這個地區的諸國而言，對於中國的軍事威脅確實深具戒心。中國將占有權束之高閣，而提出「共同開發」，想以融和的姿態否定威脅論。不過，東南亞諸國已經看穿以軍事力為背景的中國的「中華世界」擴大的意圖，當然，想要中國停止軍事擴大競爭是不可能的。

居住在亞洲的華僑、華人，加上台灣、香港在內，則有五千萬人以上，對他們來說，十二億人口的中國市場深具魅力。不過，光是靠「中華」這個關鍵字就要喚起愛國主義，那是不可能的，也不可能因此而和中國一體化。對他們而言，即使幫助中國，也不能到了使東南亞等經濟空洞化的地步。過剩的協助中國，可能會刺激潛藏於東南亞的歷史性的反中情感。一九九四年在印尼的蘇門答臘也發生了反中暴動。

對美外交的勝利

關於後者，自天安門事件以來闊別四年半的首腦會談，使得中美兩國確認「新的出發點」。雖然「中美間仍然存在對立」，但是，對中國而言，對美關係，尤其在經濟面則具有死活的重要性。即使統計的方式各有不同，但是對美輸出占中國輸出總額的四〇%，黑字也超過二百億美元，仍在對日貿易之上。

因此，中國在纖維交涉上大幅度讓步。關於對巴基斯坦輸出飛彈相關技術而遭到美國的制裁，以及被懷疑將化學武器運到伊朗而檢查銀河號，還有人權批判等，對美國的強硬抗議，中國也能自制，不會採取強烈的反抗姿態。

對美國來說，巨大化的中國市場深具魅力。一九九三年對中直接投資超過十億美元，凌駕於日本對中投資之上。總理李鵬說，今後十年內，對中國的輸入為一兆美元。這是「提供中美間經濟、貿易協助絕佳的機會」、「擁有長期展望的美國政治家與企業家應該不會放棄這個市場以及難得的機會」（『文匯報』一九九四年一月六日）。這也可以說是修復關係的一大王牌。同時，經濟以外亞洲地區戰略方面，也有改善關係及發展等多方面的優點。美國在短期內因懷疑北韓還可能會使用核子武器，因此在亞洲安全保障上需要中國的協助，兩國都希望能夠建立密切的關係。

一九九四年五月二十六日，美國總統柯林頓發表新的對中最惠國待遇（ＭＦＮ）。九三年五月的行政命令，關於人權等七項，因為顯著改善，而成為ＭＦＮ更新的條件。儘管如此，卻說「並沒有全面達成顯著的改善」，但還是決定更新。實質上是無條件的更新，同時，今後ＭＦＮ與人權問題已經無關了。

美國方面的大幅度讓步，中國方面的反應則是「歡迎」。主席江澤民給予積極的評價，且表明「這個決定對於強化、擴大兩國經濟貿易協助有利，與兩國及兩國國民的根本利益一致」。

對於具有普遍價值性的人權問題的執著，柯林頓政權還是有不可讓步的外交原則。因此，不只是MFN的更新，在讓經濟和人權問題分開來討論方面，中國外交也得到了勝利。勝利的要因之一，當然是釋放及允許民主活動家出國、派遣六十七億美元的美國製品購買使節，和中國方面對美妥協的緣故。

但是，決定性的因素，就是對美國而言，已經認識到中國的影響力極大，不容忽視。總統柯林頓在發表更新決定時，就聲稱：「中國經濟戰略的重要性增大，因此，廣泛地制裁並非明智之舉。」

「中國有核子武器，在聯合國安理會擁有投票權與否決權。中國是對於亞洲及世界的安全保障深具影響力的大國。我們在朝鮮半島的非核子武器化及地球環保等重要利益上有共通的利益。此外，中國經濟對世界而言是成長最快速的國家。美國對中輸出超過八十億美元，提供美國十五萬人雇用機會。」（『紐約時報』一九九四年五月二十七日）

似乎是更為確認柯林頓總統的對中認識，中國外交不斷地展開，中國的國際威信不斷地提昇。在經濟方面，抑制通貨膨脹，國有企業的活性化步驟也開始進行，持續地展開。不論在外交或經濟方面，雖然不是沒有問題，然而事實上已經展現了成果。為了得到最惠國待遇更新，對於美國要求人權面的改善也努力地進行。在決定更新前，釋放王軍濤、陳子明等民主活動家，並允許改革派知識份子長老于浩成等人出國。

經濟、貿易方面，也嘗試建立更新的環境。中美貿易在一九九三年，根據美國方面的統計為四百億美元（中國方面的統計為二百七十七億美元）。美國對中輸出達到八十億美元（中國方面統計為一百零七億美元），出現二百四十億美元（中國方面的統計為六十三億美元）的赤字。

為了縮小美國不滿，中國方面派遣大量購買美國製品的採購團。九四年四月，對外貿易經濟協助部長吳儀帶領採購團訪美，締結飛機等六十七億美元的購買契約。因此，MFN的撤回不僅對於中國，對於「美國也會造成很大的損失」，進入中國投資的美國企業，為了更新最惠國待遇而提出陳情與簽名活動。

中國方面的領導人，也和前美國的高官季辛吉等人會面，呼籲支持更新。對中美「兩個對世界有影響力的大國」而言，應該要「觀察世界大局，從兩國根本的利益出發」，一再強調應該改善關係。總理李鵬從這個觀點，稱讚柯林頓總統表現出「希望中國強大、安定、繁榮的態度」（『人民日報』一九九四年五月十三日及『北京週報』一九九四年第二十二號）。

柯林頓總統在一九九三年五月決定更新時，發布行政命令，條件是在九四年更新時，關於人權問題的七項目應該要「顯著改善」。但是五月二十六日的聲明，對於出國的自由及受刑者勞動意願的遵守等「不可缺的兩個條件已經做到」，剩下的五項則是「並沒有全面的顯著改善」。

因此，在決定更新的同時，也發表中國槍炮彈藥禁止輸入、武器禁運等件隨天安門事件的制裁的持續，以及繼續援助中國內民間人權團體的活動等。然而，隨著美國國內槍炮管制的強化，槍炮彈藥的禁運不僅是對中國所採取的措施；事件相關的制裁，使許多的部分都已經得到解除。而民間人權團體的支援也缺乏實效性。

這些措施只不過是具有保持柯林頓政權之面子的效果罷了，對中國方面，並未帶來重大的打擊。這個決定，事實上就是一種無條件的更新。為了加強貿易，而放棄了在改善人權上美國的對中政策。柯林頓總統說：「這個政策的有效性已經結束。」還說：「現在應該是一條新路。」

中國方面的反應，當然是強烈的「歡迎」。

對外貿易經濟協助部的發言人發表談話說：「這幾年來，包括MFN的做法在內，已使兩個經濟貿易往來和兩國關係受損。美國方面能夠積極地改善這種狀況，我們深表歡迎。」但同時也深感遺憾地指責「發表對於現行對中制裁的持續」，以及要求「趕緊撤廢」。

中國外交部發言人表明對決定更新的「歡迎」，同時對於維持制裁的現狀「深感遺憾」。批評「尤其美國方面不懂中國的人權狀況而胡亂地非難，干涉中國的內政」，並說「無法完全接受」，而且要求「應該要立刻解除所有制裁，消除對兩國關係的發展造成不利的措施」。

柯林頓的政權將MFN和人權問題圈在一起，將中國納入國際經濟的範疇內，同時希望尊重人權，與國際社會共通的價值觀能夠滲透到中國內部。然而，這個圓圈外交已經失敗。

中國方面對於美國情報分析官們，一開始就威脅柯林頓政權，即使犧牲中美貿易也必須貫徹人權原則的報導不予置信。最後的局面則集中在如何能保全自己的面子、又不放棄連鎖外交的柯林頓政權的動態上，因此嘗試派遣特使，例如，派遣前美國總統卡特與中國接觸。與駐美大使接觸，希望能夠釋放政治犯，對於西藏問題也開始要求交涉，然而卻遭到中國的拒絕。在更新決定之前，關於中國的人權問題上，要求卡特擔任特別委員會的會長，但被卡特拒絕。

中國方面，則因美國的人權連鎖外交的破綻而加深了自信，認為人權問題是一種內政的干涉，擺出嚴加責難的姿態，但又擔心過於強硬，會引起美國方面的反感。

美國總統柯林頓在一九九四年五月三十一日的『洛杉磯時報』中，表明「中國不能夠被孤立」，同時提出「改善民主主義與人權」的計劃，但仍然無法解決人權問題。例如，透過VOA以及「亞洲自由之聲」宣傳自由或人權。

而美國的民間人權團體在中國支援活動。對於對中貿易的美國企業而言，也強烈要求應更加關心人權問題並採取行動。基於人權具有世界普遍價值的觀點，要求聯合國及其他各國協助中國改善人權。

美國議會當中，以民主黨為主的人，對於輕視人權的更新決定深表不滿。參議員米希爾以及衆議員吉帕特等人，在九四年六月十六日提出MFN限制法案。認為在解放軍和國有企業生產及出口製品方面，今後的一年都不能夠給予最惠國待遇。雖然沒有得到同意，不過，在人權方面美國內執著的氣氛，並不如中國方面所想的那般淡薄。

中國外交的躍進，從與西歐的關係進展上也可以看出。全人代常務委員長喬石在一九九四年一月遍訪德國等西歐諸國，外交部長錢其琛訪問法國。五月，政治局常務委員擔任政治協商會議主席的李瑞環訪問丹麥、芬蘭、瑞典、挪威等北歐四國，以及比利時。政治局常務委員胡錦濤訪問南美。從六月末到七月，總理李鵬訪問澳地利、德國和羅馬尼亞。

德國方面，總理柯爾在九三年十一月訪中，締結大規模的投資契約。法國方面，則因為締結銷售戰鬥機給台灣的契約，而遭遇中國方面的廣州領事館之封閉措施，使得兩國關係惡化。不過，在九四年一月，中法發表共同聲明，停止銷售武器給台灣，否定台灣的主權等，亦即法國全面贊同中國方面的主張，兩者修復關係。而在三月，法國總理訪問中國大陸。

不會消失的「中國威脅論」

這種充滿自信的姿態，從進入一九九四年後的中國外交中亦可發現。

外交部長錢其琛在一九九四年六月，在由黨中央宣傳部、常中央直屬機關工作委、黨中央國家機關工作委、解放軍總政治部與北京市黨委共同舉辦的報告會席上，作出關於國際情勢與中國對外關係的報告時，說：「國際實務方面，中國已經成爲和平與安定的重大要素，為了維持世界地區的和平而有所貢獻。」在那兒自吹自擂。

外交部長錢其琛對於冷戰後的國際情勢，則認為「在深刻複雜的變動當中，各種政治勢力會分裂、再編成」、「朝多極化的方向前進」。在這種國際情勢之中，指出「經濟要素的任務更為增大」，因此，中國地位也會增大。「中國的改革、開放與經濟發展，能夠發揮中國巨大市場的潛在力，成爲與世界各國經濟協助和貿易的好條件」。

除了經濟發展以外，在中國外交上的評價則是「堅持原則，同時留意戰術的柔軟性，克服許多的困難，在對外工作方面，得到新的進展」。進入一九九四年以後，十幾國的元首與政府首腦、二十幾國的外交部長訪問中國，中國的領導者也訪問三十幾國。「與開發中國家的連帶、協助逐漸強化，在與美國及西方諸國的關係上，也有新的進展」

（『人民日報』一九九四年六月十一日）。

在這些活潑的外交活動之中，特別重視亞洲太平洋地區。

錢部長說：「亞洲太平洋地區的政治情勢非常的安定。」並認為「這個地區的多極化進展迅速，因冷戰結束而受到的衝擊比較小」。對於經濟發展方面，也給予評價，認為「很多國家很早就認為這個地區的自國經濟發展是主要任務，保證確立一種政治安定的經濟發展，而經濟發展促進政治安定，形成良性循環」。而且，他也宣布這個地區是「保持經濟迅速發展與安定的中國重要的和平要素」（『人民日報』一九九四年五月十二日）。

既然是「重要的和平要素」，則中國在亞太地區建立國際關係上，就想要發揮啟動的作用，因此，形成由中國主導的新的國際政治經濟秩序。並說：「我們在冷戰後的亞太地區，也必須了解到的確存在著不安定要素」，而且主張「國家間互相尊重、平等協助能夠取代霸權主義與強權政治，和平的交涉與對話協議能夠代替使用武力與武力威脅，平等互惠、互通有無能夠取代貿易保護主義與經濟制裁」。而所說的「霸權主義以及強權政治」、「使用武力以及武力威脅」、「貿易保護主義以及經濟制裁」等，都是認爲應打破由美國所主導的國際秩序的對象。

但是，亞太地區方面，對中國主要的國際秩序抱持警戒心。因此，即使中國發展強大，也必須發誓絕對不會進行擴張侵略，絕對不會採用霸權主義。對於經濟發展的中國提出警告，希望能夠否定「中國威脅論」。但是，僅僅靠發誓，也無法具體保證中國不會使用霸權。

對北韓行使影響力

一九九四年七月八日，北韓主席金日成過世。發表是在死後三十四小時以後的事情，比毛澤東的死亡發表十六小時五十分更晚了許多。八十二歲時死去，兒子金正日在十年前即已做好權力繼承的準備，但是因為核子開發問題而再度召開美韓會談，南北首腦會談的舉辦也迫在眉睫，因此希望能夠打開僵局。北韓政權對於金日成死去，當然震驚萬分，不知如何處置，只好延遲死亡發表的時間。

中國對應卻很快，且十分細心，但是並不懇切。

七月九日鄧小平和江澤民、李鵬、喬石一起致電弔唁，十日江澤民帶著劉華清、胡錦濤去北韓大使館弔問。十一日包括江澤民在內，領導者仍致贈花圈。十三日這一天，剛從歐洲訪問歸國的李鵬，帶著喬石、李瑞環、朱鎔基一起前往弔問。

不論是致電弔唁或弔問，中國方面對於金日成的死去一直表示「致最深的哀悼之意」、「衷心的慰問之意」，將金日成視為是「共和國的創設者」、「偉大的領導者」，讚揚他「建立不朽的歷史功績」，認為他「永垂不朽」。他的功績則是在北韓「建立社會主義國，達到民族解放，遵守獨立，建立社會主義建設的壯麗事業」。鄧小平在電文中也說明了「不堪痛惜之念」，認為金日成「一生為民族解放、人民的幸福而奉獻自我，為建立及發展中韓友好關係而奮鬥一生。金日成同志之死，對韓國人民而言，是失去了偉大的領導者，對我來說，則是失去了一位親密的戰友、同志」。

關於金正日的權力繼承問題，中國方面認為「包括金正日同志在內，韓國勞動黨中央委員會必須要團結」、「堅信能夠持續前進」，認爲要按照以往的方針前進。

但是，完全不提及對於朝鮮半島統一的貢獻。北韓方面的勞動黨中央、勞動黨中央軍事委員會、國家國防委員會及政務院提出了「告黨員及全體人民書」中，說金日成「為祖國的統一奉獻一生」，而中國方面則完全未談及這一點。所強調的，則是今後北韓「為了建設祖國而要保持朝鮮半島永遠的和平，持續前進」。

李鵬在回答德國雜誌記者的採訪時，說：「繼承金日成主席的遺志，發展經濟，建設偉大的祖國，維持朝鮮半島長期的和平與安定，才是最大的希望。」並不支持可能會引起混亂的早期的半島統一，而希望維持現狀，保持半島的和平與安定，藉此期待北韓能「發展經濟」，這的確是非常露骨的表達。而所謂的發展經濟，也只不過是中國型的對外開放而已。

金日成死去之夜，在人民友好協會與中韓友好協會的共同舉辦下，於北京召開中韓友好協助相互援助條約締結三十三周年慶。江澤民說中韓兩國「已經不是同盟國」，也許並沒有相互防衛義務的效力，而這個條約的破棄，對北韓而言的確是強大的壓力。

不斷增強的中國與中亞的關係

不論是MFN更新或北韓的制裁廻避等動向，顯示出中國外交即使在面對美國時，立場也依然強硬。其背景就是成為亞洲太平洋外交的一環，能夠與中亞和俄羅斯之間關係緊密化的緣故。

總理李鵬雖然因病延遲一年，但仍在一九九四年四月十八日到二十九日正式訪問中亞四國（烏茲別克、土庫曼、吉爾吉斯、哈薩克）和蒙古。

訪問「意義重大」，「強化善鄰友好，促進互惠協助」。訪問中簽訂了二十個協定，協議及議定書。大都與經濟、貿易及人的交流有關，訪問時有企業相關者隨行。

但是，據說「最重要的文件的簽訂」，就是與哈薩克長達一千七百公里的國境協定。對中亞諸國而言，這是最初的國境協定。與吉爾吉斯也同意早期締結國境協定。關於少數民族問題方面，哈薩克的總統納札爾巴耶夫反對民族分裂主義，而東土耳其斯坦回教黨也說：

「絕不允許在哈薩克採取反中國的行動，進行破壞哈薩克與中國關係的活動。」在訪問中，李鵬在針對中國與中亞關係上，提出四項基本政策與六項經濟協助方針。四項基本政策，就是網羅中亞與中國之間的「許多共通點」。首先就是「堅持善鄰友好與和平共存」，第二是「展開互惠協助，促進共同繁榮」，第三是「尊重各國國民的選擇，不干涉他國內政」，第四則是「尊重獨立的主權，促進地區的安定」。

意識到俄羅斯問題及與中亞的關係發展，再度確認「絕對不會傾向於第三國」。雖然中國努力地填補蘇聯解體所留下的「力的真空」，但卻一直宣稱這個真空並不存在，並宣稱：「中國尋找政治勢力的範圍，不是尋求經濟勢力範圍」。

這個基本政策，也包括中國所主張的「新國際政治經濟秩序」的內容。根據李鵬的說法：「我們所主張的國際政治經濟新秩序，與霸權主義或強權政治為特徵的舊秩序之間，本質上不同。」

新秩序最大的核心，首先就是「主權與領土保全的相互尊重、互不侵犯、相互不干涉內政、平等互惠、和平共存的原則需要嚴加遵守，互相尊重」，強調遵守和平五原則。

第二就是，「各國人民基於本國的國情，尊重其選擇社會制度與發展模型的權利」，強調制度、體制的自主選擇權。

第三則是，「所有的國家，不論國的大小、強弱、貧富，都有參與一切國際實務的權利，國際實務不該是一國或是一些大國所有」，否定霸權主義的大國主義。

第四則是，「國與國的紛爭必須基於平等談話、相互理解、相互讓步的精神，透過和平的交涉，尋求公正、合理的解決」，主張和平解決紛爭。並說：「條件不成熟時，要暫時束之高閣，尋求共通點，留下相異點。對於某個問題的意見對立，不可阻礙正常的國家關係的發展。」

在經濟協助方面，以往以貨易貨交易為主的貿易，逐漸轉移爲現金決算，逐漸推進與鄰近的中國西北部的直接貿易，致力於貿易形態的多角化，進行「新絲路建設」。而六項方針，首先就是「堅持平等互惠的原則，依循經濟法則來行事」。第二就是「協助形式多樣化」。第三是「從實情出發，充分利用當地資源」。第四是「改善交通運輸條件，開拓新絲路」。第五是「提供少許的經濟援助，是友情的象徵」。第六是「發展多國間協助，推進共同發展」。

總理李鵬也訪問蒙古，簽訂國境地帶水資源共同利用協定，五千萬元無息借貸給蒙古，並簽訂一百五十萬元無償提供等九項文書。最大的成果，就是締結友好協助關係條約。

這個條約，是修改一九六〇年時所締結的友好互相援助條約而成立的。消除關於社會主義運動及軍事支援的項目，不參加對手國敵對的軍事同盟及政治同盟，也不締結危害對手國主權與安全的條約，絕不允許第三國利用自國的領土損害對手國主權與安全的行為。

在新聞媒體上則說明蒙古是非核化，不允許外國軍隊駐留自國領土，也不允許核子武器及大規模殺戮武器配備在自國領土，且不允許外國軍隊及核子武器通過自國領土內的政策，表明中國「尊重」的決心。

訪問結束後，總理李鵬在一九九四年四月二十九日歸國。當晚中央電視台播放在特別座機中歌唱抗日戰爭中歌曲而受到眾人拍手歡迎的李鵬的姿態。這不禁讓人想起一九九三年十一月為了出席APEC及中美首腦會談而訪問美國的西雅圖，後來又到古巴、巴西和葡萄牙訪問，於歸途中在特別座機上唱歌的江澤民主席。訪問成果不僅圓滿，同時因遍訪五國，也證明他已經恢復健康狀態，能夠安全回到政治生活上。

與俄羅斯的戰略關係

與俄羅斯的關係，自一九九二年末葉爾欽總統訪中以來更為進展。九四年五月二十六日到二十九日，俄羅斯總統訪問中國大陸。會談是在「友好、實務、建設的氣氛下」進行，對於兩國間關係等國際問題交換意見，「訪中得到成功」。

根據新聞媒體的報導，中俄兩國在政治、經濟、貿易、科學技術、文化、軍事、社會治安各範圍，建立了成果豐富的協助關係而深表滿意。今後決定要將善鄰友好關係朝新的階段推進，並擴大經濟、貿易、科學技術與軍事協助的範圍，同意使兩國關係緊密化。關於國際管理制度的協定，所得稅的雙重課稅迴避，以及逃稅等的協定，還有烏蘇里江的國境水域之漁業資源的保護、調整及增殖相關議定書等七項文件都予以簽訂。簽訂，據說是「表示兩國協助關係的強化」。九月時，江澤民主席也訪問俄羅斯，九五年再度訪問。

的確，經濟、貿易關係得到了發展。兩國貿易在一九九二年五十八億六千二百萬美元，九三年為七十六億七千九百萬美元，增加三〇・九％。中國對俄羅斯而言，是僅次於德國的第二貿易國。經濟協助與貿易發展潛力極大，前途可觀。

但是一九九四年的第一・四半期有下降的傾向，減少四〇％。兩國貿易的八〇％為國境貿易，七〇％的貿易是以貨易貨交易。中國方面主張外幣決算，協議還在繼續進行之中，這也是下降的原因之一。但是九四年貿易已經超過了百億美元大關。

關於安全保障問題方面，協助關係也有進展。不僅是簽訂國境管理協定，同時，西部地帶的國境交涉及國境地帶的兵力互相削減、軍事範圍的信賴釀成等相關交涉也在進行中。交涉被給予「積極的評價」，視為具有重要的意義，希望能夠早期談妥。

在兩國首相會談的溝通中，也確認軍事交流及強化軍事科學技術協助關係。同時，軍人的交流也十分的活潑。俄羅斯方面在一九九三年七月海軍司令官代理，八月俄羅斯太平洋鑑隊的三艘軍艦自五六年以來第一次在青島靠港，十一月國防部長古拉丘夫訪中，簽訂擴大軍事交流文書。中國方面，九三年四月派海軍司令員、六月派劉華清、八月派張萬年總參謀長訪俄。五月中國海軍（北海艦隊）的遠洋救助船、飛彈驅逐艦及飛彈護衛艦初訪俄羅斯。武器交易也相當的活絡，九二年俄羅斯賣給中國二十六架幻象二七戰鬥機。

根據大衆傳播媒體的報導，兩國在安全保障面的協助和軍事面的交流，不僅有助於強化兩國間的互相信賴及互相理解。同時，也有助於亞太地區的安全與安定。

關於國際情勢與國際問題的意見交換，在亞太地區的互相協助是主要課題之一。在許多方面，雙方立場一致，非常類似，同意在這個地區和國際實務面進行多方面建設協助的強化，並且強調「這是亞洲的安定與安全保障、國際環境全面改善的重大要素」。而地區的安全保障面，則認為今後要更加強化中俄協助。

俄羅斯總理葉爾欽認為強化中國與中亞關係是正常的事情，於中國可能想要填補中亞「真空」的考慮，則斷言到「俄羅斯絕不擔心」。

在經濟面，也打算強化協助。元首溝通時，指出東北亞和亞太地區多國間經濟協助的重大意義，同意互相促進、參加這個地區的經濟協助。

總理李鵬認為當中俄兩國是對世界有影響力的國家，在關係的發展上，對於亞太地區以及世界和平展望而言，都是「有益」的。江澤民主席認為「要看穿二十一世紀，以戰略的高視點來觀察中俄關係」。由這個觀點來看，不僅是俄羅斯，連與亞洲周邊諸國的關係，也要加以鞏固才行。

冷戰後亞洲的安全保障

亞洲的安全保障，目前進入很大的轉換期。轉換當然是指美蘇冷戰的結束。美蘇對峙，抑制地區對立、紛爭的表面化。但是，蘇聯消滅以後，美國的軍事援助相對地後退，對於冷戰後的亞洲而言，形成一種力的真空，當然，地區固有的對立、紛爭很可能會表面化。

不過，光是冷戰結束，還是無法令人了解轉換期亞洲的安全保障問題。美蘇對峙的互相抑制機能，使得歐洲能夠長期享有和平時代，但是亞洲在美蘇冷戰時期，仍然爆發了韓戰、越戰等「熱戰」。

冷戰後亞洲和歐洲決定性的不同點，首先就是中國、北韓、越南等土著的共產主義體制依然存在。這些體制的存在，其成敗與否，對於亞洲地區的安定和繁榮當然會造成很大的影響。

例如，金日成逝世之後，面臨權力繼承危機之北韓的動向。北韓朝鮮民主主義人民共和國的核子開發問題，使得美國和北韓的交涉，在金日成主席死去之後暫告中斷，而八月五日再開。北韓以從黑鉛爐到輕水爐的轉換技術及資金兩面的援助為條件，同意凍結原子爐建設。其結果，原則上互相同意，今後的交涉將朝著美韓邦交正常化的實現發展。但是，這一次的交涉，即使北韓將來放棄核子開發，然而對於過去核子開發的問題卻不予理會，因此，包括南韓和日本在內，東北亞的安全保障備受威脅。

在這種不穩定的朝鮮半島情勢中，象徵出即使美蘇冷戰結束，但是損害亞洲和平與安定的火種並未消失。甚至可以說因為結束冷戰，而可能引起新的紛爭。冷戰時代美蘇對峙，能夠抑制地區對立和紛爭的表面化。但是，蘇聯瓦解以後，美國軍事援助相對的後退，冷戰後的亞洲產生一種「力的真空」，使得以後美蘇對峙能夠抑制的地區固有的對立與紛爭會表面化，這是頗令人擔心的問題。因此，亞洲方面很可能會出現一種軍備擴張的競爭。亞洲被視為是有二千億美元的武器市場，由美國、俄羅斯、中國等武器輸出國所進行的武器銷售，非常的激烈。

第二點就是，亞洲顯著的經濟發展。冷戰期在美國軍事援助的保護下，能確保非共產亞洲之相對的政治安定，形成以日本帶頭的「雁行型經濟發展的連鎖構造」，造成經濟急速地發展。在冷戰前，中國、越南等共產主義諸國為了維持體制的生存，也加入這個連鎖構造，加速經濟發展。連鎖構造形成地區經濟協助，並開始嘗試擴大包括共產主義諸國在內多國間協助的範圍。APEC（亞洲太平洋經濟協助會議）即是其中之一。一九九三年十一月在美國總統柯林頓的呼籲之下，首次舉行非正式的地區首腦參加的首腦會議。

第三點是，冷戰後對亞洲的安定而言不可或缺的美國的援助。以往，美國在亞洲的安全保障上展現主導的作用，但是冷戰後並未出現能夠取代美國作用的勢力。逐漸抬頭之中國的威脅論增強，過去，令衆人憂心的日本警戒論並未消失。在與亞洲諸國的協助之下，仍然需要美國的保護。

第四點是，前面已經提及，中國的存在有極大的影響。冷戰期在亞洲於對立的美蘇之間握有決定權的第三政治大國就是中國，因此，中國對於亞洲的安全保障具有極大的影響力。不過，冷戰後影響力變得更大，甚至已經形成兩極端。在第二章已述及，一方面是伴隨體制轉換的國內混亂，另一方面則是隨著經濟發展成功，形成了經濟大國化，這些都是會波及亞洲安全保障問題的影響。

多國間協議系統的形成

考慮到這些要素時，要架構冷戰後的亞洲和平與安定的秩序並不簡單。但是這些努力已經開始，雖然不樂觀，卻也不用過度悲觀。

出現在亞洲的，不僅是軍備擴張競爭而已。在亞洲內側，已經開始嘗試建立新地區的和平與安定的秩序。而這個嘗試與日本有關，希望今後日本能有更多的貢獻。

這個嘗試，具體的形態就是一九九四年七月二十五日在泰國曼谷所舉辦的ASEAN地區會議（ARF）。會議只召開三個小時，參加國的外交部長或其代理人各自發言十五分鐘。而這個會議議長的聲明，對這個地區而言，卻具有歷史性的價值。

其理由，首先就是這個會議是第一次由亞太地區多數國代表齊聚一堂，對於地區政治與安全保障問題進行討論的多國間協議的會議。以往亞太地區安全保障問題只是以美日安保條約等兩國間狹隘的範圍來加以處理，並未進行如歐洲般的多國間協議。

因此，ASEAN（東南亞諸國聯盟）加盟的六國，再加上日本、美國、中國、俄羅斯、越南、緬甸等這個地區的十七個國家以及EU（歐洲聯盟）都出席，其本身就具有歷史的意義。美國、越南同桌而坐進行討論，象徵冷戰後新時代的到來。打算建立地區所有的協議系統時，地區不安定要因的北韓、中國雖然反對，但是仍然必須考慮到不僅對於這個地區的經濟，對於政治和安全保障也可能會有貢獻的台灣的參加。

第二，就是下一次的會議決定在文萊召開，同意多國間協議制度化。這次是第一次，並未做出一些實質的討論，然而從九五年開始，將要進行締結信賴、紛爭的預防外交及安全保障協助的具體措施之製作等行動。包括不擴散核子武器及維持和平訓練中心PKO協助，還有非機密軍事情報的交換等都納入檢討對象中。

第三是，這個安全保障的多國間協議的背景，在於地區顯著經濟發展及發展的型態。現在亞洲太平洋堪稱二十一世紀經濟成長中心。其成長並不是以日本帶頭的非共產亞洲諸國的封閉區域，也包括已開發地區經濟的多國間協助而形成這個範圍。現在中國和越南等共產主義諸國也加入這個範疇中。多國間協助形成APEC，九四年十一月在印尼召開第二屆非正式首腦會議。這個經濟發展的前提在於確保地區的政治安定及安全保障，而確保的方式適用於促進經濟發展的多國間協助，就是ARF。

第四是，ARF並不是由美國或中國等大國，而是由中小國的聯合體ASEAN主導而召開。ASEAN在一九六七年越戰中，是由親美反共開發中的東南亞諸國所結成的聯盟。但是，八〇年以後顯著經濟發展的自信，形成對於伴隨冷戰結束後新的安全保障環境上，不再依賴以往美國等域外大國而要獨自應對的狀態。從二年前的ASEAN首腦會議開始，就討論安全保障問題，在ASEAN外交會議中，中國和俄羅斯等成為協議國，擴大外交會議中，日本、美國、韓國等成為對話國，嘗試進行多國間的協議。這個嘗試的達成點之一，就是這一次的ASEAN地區會議。

第五就是，在這個地區的安全保障問題上會造成巨大影響的美、中兩國，已經納入地區多國間協議的範疇。冷戰後對亞洲的和平與安定而言，美國的軍事援助是不可或缺的。國務卿克里斯多福以中東外交為優先，在本屆會議中缺席，顯示出並不是由自己擔任會議主導者的，美國的姿態並不十分積極，但是其仍然成為會議的一員，參加亞洲的多國間協議。

對ASEAN而言，冷戰後最大的潛在威脅就是中國。九二年七月，占有權為越南和東南亞一部分國家所有的南沙群島，中國竟然出動了海軍占領了島上的一部分，使得東南亞諸國對認為具有潛在威脅性的中國更加深戒心。所以中國能夠進行ASEAN主導的多國間協議，對於確保東南亞諸國的安全保障而言，的確是重要的問題。這一次的地區會議，未設定南沙問題等具體的議題，當然其中一個原因就在於中國參加而無法實現。

脫離英國的香港歸還的準備

香港在一九九七年七月一日要歸還給中國。歸還的準備作業，現在是以中國的步調來進行。

一九九四年五月二十六日，主席江澤民對於歸還後香港的管理問題說道：「中央已經決定一連串的重要方針及政策。」這是在他會見負責歸還準備作業的香港特別行政區準備委員會預備工作委員會，及香港事務顧問們時所說的一番話。

脫離英國的歸還準備作業，則由這個預備工作委員會來進行。

但是根據中國與英國事前的同意，歸還的準備應該在兩國共同作業下進行。歸還是由一九八四年十二月十九日締結的中英共同聲明而決定的。在歸還後，香港成為中國的特別行政區，按照「一國兩制」的構想加以統治。「一國兩制」是鄧小平所提出的構想，亦即對於香港、澳門、台灣等不歸認中國而與中國本土擁有不同的經濟、政治、社會制度的地區所採行的統治方針。是認為在中國一個國家中，本土堅持社會主義，但其他地區被允許持獨自資本主義的兩種不同制度共存的構想。

基於這個構想，一九九〇年四月一日全國人民代表大會制定「香港特別行政區基本法」，決定香港歸還五十年內基本上仍維持現行的諸制度。而歸還後，香港也以「中國、香港」的名稱持續發展與世界各國的經濟、文化關係，成為世界金融中心，開放市場，允許資金自由出入，確保現在的繁榮，而且保證能夠更擴大。為確實地保證繁榮，鄧小平指示歸還五十年以後，仍可能持續現行制度。

歸還的準備，在中英兩國共同作業下進行，因此要設置合同聯絡小組。第一屆會合自一九八五年七月二十五日召開以來，直到今日為止，斷斷續續地進行專家會合。除了小組以外，包括香港新機場建設的機場委員會，以及有關香港議會選舉改革案的交涉，在中英之間仍然進行著。機場委員會自九一年十一月十一日召開第一屆會合以來，至今仍然經常進行。

但是共同作業卻變成了脫離英國的準備作業，原因在於進行選舉改革案的中英交涉上。交涉在一九九三年四月二十二日開始進行，一開始就困難重重。特別行政區準備委員會預備工作委員會，就是在交涉困難的狀況下於九三年七月設立的。

交涉，在一九九三年十一月二十七日的第十七屆交涉中中止。到了十二月二日時，總督宣布將改革案的一部分上呈香港立法評議會，而中國方面則警告，如果改革案「刊載在官報上，則中斷交涉」。但是十二月十日刊載在官報上時，中國則表明「中英協助的基礎被英國破壞」。不過，改革案的一部分已經上呈，九四年二月二十四日通過。因為交涉困難而中斷交涉，預備工作委員會從一月開始，獨自進行選舉改革案。

然而，歸還準備並非如此的簡單。為使歸還能夠順利地進行，應該要改善的法令有六百項，附屬文件達到一千。沒有英國的協助，短期間內難以結束。

此外，歸還後「港人治港（香港人統治香港）」或即使保證擁有以往的安定和繁榮，對香港的將來，香港人的不安當然不可能輕易消失。不安與疑問的最大根源，在於即將進入的共產黨政權。將近六百萬人的香港居民，大部分是中國人，大都是在一九四五年以後由內戰的混亂、共產體制的壓迫與貧困中逃出來的人，或其二代、三代。他們的憂慮，是害怕一元的全體主義抑或權威主義的獨裁體制滲透香港之後，會破壞支撐香港繁榮的自由氣氛，擔心國際資本不願投入香港而紛紛逃走。

香港、中國經濟的一體化

香港即將歸還中國，而香港與中國的一體化正以急切的速度在進行著，尤其在經濟面更為顯著。

例如，貿易飛躍地增加。一九七九年香港與中國的貿易達到一百零八億港幣，到了九二年，達到四千五百二十八億港幣，占中國貿易總額的三五％、輸出總額的四四％。經由香港的輸出，在七〇年達到六億八千萬港幣，而九一年為三千一百五十六億港幣，九三年更增加為四千七百四十億港幣。香港的轉口貿易（對於輸入製品附加價值率不及二五％者則輸出第三地），占香港全部輸出（一兆四百六十二億港幣）的八〇％，其中的九〇％左右都與中國有關。

中國的「香港化」，在香港企業的大量資金投入及企業進駐下不斷地進行著。例如一九九三年來自海外的對中直接投資契約額為一千一百億美元，其中六七％，亦即七百三十七億美元，爲香港、澳門資本所占。實行額為二百五十七億美元，來自香港的投資為一百三十億美元（與前一年比增加七三%），占整體的五一%。從一九七九年到九三年的十五年內，直接投資的總額為實行額約六百億美元，其中三百八十五億美元，亦即六五%由香港資本所占。而來自香港的投資契約數超過六萬家，占總數的七○%。

尤其香港與廣東省一體化更顯著。香港以及經由香港的投資幾乎全集中在廣東，超過全體的五○%。此外，香港的製造業為了得到廉價勞工，因此有二萬五千家公司將工廠轉移到包括深圳特區在內的廣東一帶，投資額突破七十億美元。香港的製造業人口由百萬減少為七十萬人，相反的，廣東省內部香港企業所雇用的勞工，則超過三百萬人。其結果，三○%的港幣都在廣東使用。亦即人口六千萬的廣東，依賴人口六百萬的香港而確保經濟發展，這就是廣東的「香港化」。而在個人GDP四百美元的全國平均當中，廣東竟然達到接近一千美元，帶來了繁榮。

另一方面，香港的「中國化」也同樣地在進行著。中國國際投資信託公司、華潤招商局等中國內地的投資機構也進入香港。而這些中國系資本的企業突破一千家。一九九二年末，進入香港的投資總額中國突破了一百二十億美元，晉昇為第一位。日本為一百十五億美元，美國為八十五億美元。到了九四年末，累計中國在香港投資額已經達到二百億美元以上。

中國內地的銀行進入香港的行動也十分活潑，在香港保有五百億美元的資產。人民銀行在一九九二年就已經創立了直屬企業合併投資公司，再加上中國銀行、人民建設、農業、工商銀行等，在香港展開積極的活動，設置香港辦事處或購買當地銀行。中國銀行在香港的儲蓄市場占有率為二〇％，僅次香港上海銀行的五〇％。九四年五月二日開始，發行港幣。雖然只達通貨流通量的四％三十億港幣，但是表示香港經濟的中樞掌握在中國手中。

經濟面的一體化固定之後，由於天安門事件後，對於前途感到不安而急速增加的海外移民的行動也能夠止住。從一九八九年開始到九二年為止，有二十三萬人移民，九二年為六萬六千人，恢復正常情況。當然，取得外國國籍以後，從八二年到九一年為止的外移數回來十二％。九三年六月末的人口增加一・八％，為五百九十一萬人。增加率在過去十二年內創下最高點。

在政治民主化問題上中英交涉決裂

問題在於政治面的一體化。一九九二年赴任的新任總督彭定康，是英國保守黨前幹事長，是重要政治家，是最後一任港督，將香港政治民主化當成是課題。而其所提出的政治制度的改革，給予中國強大的刺激。包括行政局和立法局的分離在內，九七年歸還之後，議員任期及立法局議員（任期四年）的九五年選舉等各方面，都提出了改革。

香港的立法局、市政局以及區域市政局和區議會三大選舉，自一九八五年開始，實行間接選舉，九一年有一部分導入直接選舉，九四～九五年實施三大選舉。到九五年一月為止，除了立法局以外的選舉都已經實施了。

問題在於一九九七年歸還前立法評議會和歸還後立法會議的持續性。立法評議會議員任期四年，九五年選出的議員到九七年以後應該還能持續任期。而在香港歸還中國以後，立法會議議員的資格是否還能維持，這就是「直通列車」的問題。

根據基本法及其附屬文件，香港特別行政區的立法機關立法會議規定為六十人，最後由直接選舉選出。但是第一期（一九九七年～九九年）是由全人代決議而選出。第二期（九九年～二〇〇三年）由職能團體選出三十人，選舉委員會間接選舉六人，各區直接選舉二十四人。第三期（二〇〇三年～二〇〇七年）職能團體選三十人，直接選舉三十人。關於以後的選出方法，則由立法會議議員三分之二以上的贊成及行政長官的同意，向全人代常務委員會提出報告來決定。

根據中英之間的交涉，九五年的選舉同意以直接選舉的方式選出十人，但在九一年九月的選舉中，直接選舉十八人。總督彭定康的提案則是直接選舉的議員數，在九五年選舉時一氣呵成遠超過半數，事實上增加到三十九議席。

根據提案，選舉年齡由二十一歲降為十八歲。職能代表別選舉由二十一議席增加為三十議席，關於新設的九個議席，有選舉權者在九一年選舉時為十萬人弱，後來擴大為二百七十萬名勞工，可以實質地進行直接選舉。關於選舉管理委員會選出的十議席方面，也提議事實上由間接選舉變更為直接選舉。藉此立法局規定的六十議席當中，原本直接選舉的二十議席再加上十九議席，總計有三十九議席會經由直接選舉而產生。

對於這個提案，中國方面的反應是「絕對拒絕」，並嚴厲批判彭定康。脫離共產黨政權從大陸逃出的香港居民多數人參加的直接選舉，當然不合中國方面的意圖。在歸還後希望能夠達到完全統治的中國方面，認為這是極大的危險。而在這個提案上，九三年四月二十二日開始到十一月二十七日為止，中英之間進行了十七次的交涉。

在立法評議會及其以下的選舉方法，市政局、區域市政局、區議會選舉年齡的降低、成為選舉母體的職能別團體、選舉管理委員會的構成等投票方式及委任制廢止的問題，達成了協議。中國系的香港『文匯報』在十一月二十二日報導達成一部分的協議。

不過，中國方面的批判，則認為英國方面提出「單一議席、單一投票制」應適用於九五年立法評議會選舉的要求，使得交涉決裂。如果定員的三分之二以上實質地採用直接選舉的方式，以及歸還後議員的地位是否能夠確保，亦即「直通列車」的問題，關於議員的任期方面，雙方還是維持對立的姿態。

在交涉觸礁的狀況下，一九九三年九月二十四日中國各大報紙公開發表八二年鄧小平和英國首相柴契爾夫人的談話。

「一九九七年，亦即中華人民共和國創立四十八年後，香港必須歸還中國，中國任何領導者或政府，抑或是中國人民都不得有異議」，「如果不能歸還，則中國政府成為清朝末期政府，中國領導者成為李鴻章」。

以一貫強硬的姿態持續談話，雖說「我們為了保持香港的繁榮需要英國的協助」，但是「即使不在英國的管轄下，也並非就無法實現香港的繁榮」。而關於中國的現代化建設對香港的影響，則表示「不能說沒有影響，但是認為中國的建設會造成大程度的影響，這並不是正確的見解。如果中國想要以實現四個現代化建設使香港繁榮，那麼這個政策決定本身就已經不正確了」。

根據鄧小平三女鄧榕的說法，一九九七年香港歸還中國時「父親一定會坐著輪椅訪問香港」。也就是說鄧小平還是執著於香港回收問題。

而他這種強力的執著，也表示到九七年為止的過渡期中，英國的做法可能使中國提出早期歸還香港或者是變更香港政策的要求。

「在十五年的過渡期內，香港一旦發生重大風波的話，該怎麼辦才好呢？這時中國政府對於歸還時間與方式，就必須另做考慮了。」

「我們擔心的是今後十五年的過渡期應該如何渡過。這時期擔心會出現大混亂，而且是人為的混亂。這當中不僅是外國人、中國人，主要是英國人。要引起混亂很簡單，我們的協議就是要解決這個問題。」

最高領導者擺出如此強烈的姿態，當然中英交涉方面中國就會受到拘束。外交部長錢其琛對英國外交部長哈德提出要求，主張香港問題的會談應該要加速化，但是會談即使沒有達成協議，他說：「不要緊！」為什麼呢？因為英國所主張的九四年到九五年的選舉的相關問題「政治體制改革中國不承認，一九九七年六月三十日就已經失效了」。

總督彭定康在一九九三年十月六日進行第二次的施政報告，關於中英交涉的問題，他說：「期間只剩下幾週了。」希望能夠早點結束，同時說：「即使交涉失敗，我也樂觀地認為英國、香港方面在經濟問題上能夠與中國互助合作。」

關於這點，中國方面則說「對於英國方面一直堅持相同的立場深表遺憾」、「現在中英爭論的實質問題不在於是否遵守民主制，而在於是否遵守信義」。中英會談的目的是「實現香港政治體制的平穩轉移」，並指出「雙方針對九四年到九五年選舉問題達成協議，是『直達列車』實現的必要條件。」

關於協議的條件，中國方面提出「三原則」。「三原則」就是八四年中英共同宣言，香港特別行政區基本法及其後兩國的合意事項。除了這個原則以外，中共方面的立場則表明：「只要對會談進展不利，則不討論」的姿態。

彭定康的施政報告後，在一九九二年十月十一日、十二日的十三次會談中，中國方面的代表說道：「會談現在已經走到十字路口，面對成功或失敗的二個前途，仍然不改其原來的態度。」並指出即使不能達成協議，也不是什麼嚴重的問題。為什麼呢？因為在這種狀況下，九五年選舉中選出的人其任期在香港主權歸還中國後，在九七年六月三十日終了。九七年七月一日以後不能再繼續。中國方面認為這與會談的協議達成完全無關，而是由中國本身所做成的「基本法與全人代決定」來行事。

交涉是在一九九三年十一月的第十七次交涉時決裂。後來在十二月十日，總督彭定康在官報揭示改革案的一部分，十五日送立法評議會提出。中國方面則言明「因為損及香港的前途，所以絕對無法接受」。

但是改革案於一九九四年二月二十四日通過。有權者的年齡下降為十八歲。九四年的區議會選舉、九五年的立法評議會選舉導入小選舉區、一票制。廢止市政局評議會和區議會的任命議員。

剩下的改革案在六月也通過。根據改革案，九五年的立法評議會，由職能團體別的議員選出三十人的有選舉權者，擴大為二百七十萬人。選出十人的選舉管理委員會的成員，由經由直接選舉選出的區議會議員構成，議員任期五年，可以持續到九九年為止。

中國方面則對於交涉感到反感，認為「交涉破壞的責任完全歸咎於英方」，而以改革案的撤回為條件，說明這樣做才能「再開交涉之門」，留有交涉的餘地。但是保留一部分的改革案，剩餘的上呈，這種做法使得中國方面的姿態更為強硬。「英國方面已經封閉交涉再開之門」，事實上已經表明了對於選舉問題不再進行交涉。

中國方面認為這個交涉「並不在於是否在本質上遵守民主制，而在於是否遵守國際信義」，以違反信義為理由責難英方。港督彭定康將以往中英交涉的內容公開發表，這一點刺激了中國。認為「英國破壞了嚴守交涉內容秘密的約定，歪曲中國方面的立場，要負交涉破壞的責任」，中國方面也公開發表暴露交涉真相的白皮書。

對於彭定康的提案，白皮書上說明「英國統治香港一百年，但完全不民主。英國撤退前在香港提出彭定康的提案別有用心」，同時還說「香港問題在一九九七年六月三十日之前是中英問題，九七年七月一日起是屬於中國內政問題。香港的政治問題處理方法不適當」。而且認為九五年的選舉，不管結果如何，其有效性只能持續到九七年六月三十為止，立法評議會等機能在七月一日停止，香港的政治體制將會藉著基於中國全人代與基本法而成立新的組織。

香港的政治中國化

歸還後關於政治體制的組織，由香港特別行政區準備委員會預備工作委員會做成具體的方針。預備工作委員會在一九九四年一月開始，做成獨自的選舉改革案，七月一日舉辦委員會第三次全體會議正式提案。

預備工作委員會在一九九三年七月二日決定設置，第一屆全體會議於七月十六日召開。主任為外交部長錢其琛、秘書長則由國務院港澳辦公室主任魯平擔任。

預備工作委員會於一九九六年設立準備委員會而積極進行作業，但不具有決定權。但要向全人代常務委員會及國務院進行「香港的平穩轉移與政權的順利交接相關問題」的檢討意見及提案。據說「並非權力中心」，但是在準備委員會尚未設立期間，事實上卻是中國方面的香港政府。

關於同委的具體任務，主任錢其琛指示「關於初代政府的成立與立法會議的具體設備方法的思考、研究與提案，可供準備委員會成立後做為參考」。委員會底下設置政務、經濟、法律、文化、社會、保安等五個專門小委員會。這些小委員會已經進入實質作業的階段。

在香港人的協助之下，預備工作委員會成員五十員當中，有三十人是香港任命的。進入一九九四年後，成員擴大為七十人，香港委員增加三十八人，此外，港澳辦公室與新華社香港分社召聘一百九十人擔任香港事務顧問，新華社香港分社則召聘二百七十四人擔任香港地區事務顧問。

一九九四年五月開始在香港召開預備工作委員會的政務與經濟專門小委員會，同委秘書長魯平來到香港。與政府的公務員、經濟團體和勞工組織商量，但是認為和總督彭定康會談也無法獲得成果，認為不必浪費時間而拒絕與他會談。

主席江澤民並引用鄧小平十年前的發言「香港的中國人當然可以好好地管理香港，不相信中國人具有好好管理香港的能力是舊殖民地殘留思想的傾向」。而江澤民主席則表明具有強烈的自信，認為「香港人能夠好好管理香港」。

歸還時期迫在眉睫，中國方面對於香港統治問題表現出強硬的姿態。對於民主化要求的限制，對於香港報導機構的限制也相當強烈。

從一九九四年五月開始，準備工作委員會秘書長魯平，率領包括全人代代表在內的香港各界人士，二百一十六人到廣州軍區視察。這個軍區目前正在規畫歸還後香港駐守部隊的組織。

例如，香港的英文報紙『South China・morning・Post』在一九九三年九月十二日和十四日兩天刊載了異例的謝罪文。八月二十二日的星期天版的報導則說，中國銀行的職員們違法使二百八十億美元的資金流向國外，並逃亡國外。

關於這點中國方面提出抗議，要求賠償。同報紙接受抗議謝罪，星期天版的主編辭職以示負責，並決定賠償兩百五十萬港幣捐給慈善團體。在刊載謝罪文的九月十二日，這家報紙則據說賣給親中國的馬來西亞華僑財團洛巴特夸克。

香港中立系報紙『明報』的北京特派員席揚，一九九三年九月因違反國家安全法而被捕，判處十二年徒刑。理由是取得內部情報，獨家報導人民銀行買賣決定以及中止提升利率決定。而九三年十二月播放毛澤東性生活的BBC的節目並沒有在香港播放，這就是中國方面施壓的結果。中國對於批判性的大衆傳播媒體，指示不可以刊登中國系企業的廣告以為報復。

經濟面看似可以保證香港的繁榮。魯平說香港的「一國二制」五十年不變，甚至長期間都不會變化。並說明因為中國要成為強大的社會主義國家，要花幾百年的時間。

而這個保證，則是以政治面的安定確保為前提條件。正如鄧小平所說的「經濟發展的前提條件在於政治社會的安定與團結」。但是將來卻不透明。

選舉問題的中英交涉決裂，歸還後的政治體制一直按照中國的方針在準備中，但是在準備時，政治社會的安定也許能夠藉由共產黨政權的強權政治而確保。如此一來，中國本身就與「國際關係的必然潮流」民主化逆向而行。也許會使得習慣於自由，非政治傾向較強的香港居民產生一部分的抵抗，也會使得外國企業撤退。

問題在於中國本身的前途。以江澤民為主的後繼體制必須鞏固，政治制度化必須前進，才能夠確保政治的安定。但是到目前為止，成為改革開放總設計師，將中國統一、推進經濟發展、確保政治安定的鄧小平這位魅力人物死後，中國政治的發展如何，目前還不透明化。

香港的繁榮是因為有國際資本的加入，就是因為有英國殖民地下的「自由貿易」做基礎。一旦全體主義或權威主義的獨裁體制滲透香港時，當然無可避免的，這些企業就會產生逃避。

總理李鵬在歸還之前的過程中也說：「不管產生任何的風波與曲折，中國政府和中國人民依然主張按照期限回復對香港的主權，並決定維持香港的長期安定及繁榮，而且擁有這種能力。」

但是同時，對於歸還作業，他也不得不承認「任務充滿困難，責任重大」。

因此，主席江澤民和準備委員會預備工作委主任外交部長錢其琛，也一再地呼籲英國要協助。合同連絡小組在半年後一九九四年六月二十一日召開第二十九屆全體會議，而新機場委員會也在停開了十個月之後的六月二十四日召開。與英國的關係修復，是不會損害繁榮的歸還準備的不可或缺條件。

第五章　中國經濟的展望

——經濟大國化的虛實

急速成長的經濟

中國自一九七八年以來目標「現代化建設」，成果非常顯著。GDP以八〇年為基點已經上升二倍以上，而希望本世紀末能夠增加四倍的目標在三年內應該渴望達成。

尤其是一九九二年以來高度成長的「加快（加速化）」非常地驚人。九二年經濟成長率提升了十三・二%，為政府評估（六%）的二倍以上。進入九三年「加快」的趨勢更為增加，已經超過政府評估的八%到九%，年間增加為十三・四%。即使到九四年，政府的正式方針決定為九%，但實際上已經成長十一・八%。

這種「加快」實績在海外也倍受注目，認為中國具有成為「經濟大國」實力，給與極高評價的論調開始出現。

一九九三年，中國的GDP在人民幣與美元的匯率為四千五百億美元，占世界的第八位。但是根據世界銀行的試算則描繪出完全不同之中國經濟問題的實力。以購買力平價來看，二〇〇九年中國的GDP將成為九兆八千億美元，趕上九兆七千億美元的美國而成為世界第一的經濟超大國。到時日本只有五兆美元，只能夠望塵莫及了。

長期來看，中國經濟地持續成長，已經具備了成長的條件。

第一條件是，造成高速成長的「加快」路線已經固定。衆人異口同聲地認為，加以提倡者是最大實力者鄧小平。

第二條件就是，推進「加快」路線轉移為市場經濟體制的做法，已經逐漸滲透成為實體經濟，而且在制度面也已經合法化了。成為市場經濟基本要件的所有制民營化以及價格自由化不斷進行，幾乎使得計畫統制體制面臨崩解的命運。

第三條件則是，促進經濟成長的外資導入主導型的經濟發展，確認今後也會成為政權的基本政策。由於對外開放，使中國從鎖國的「自力更生」經濟轉為開放經濟體制。藉著導入美、日、香港及台灣等先進的技術及豐富的資金，而致力於經濟的活性化。

圖5-1　對中直接投資（實施基礎）

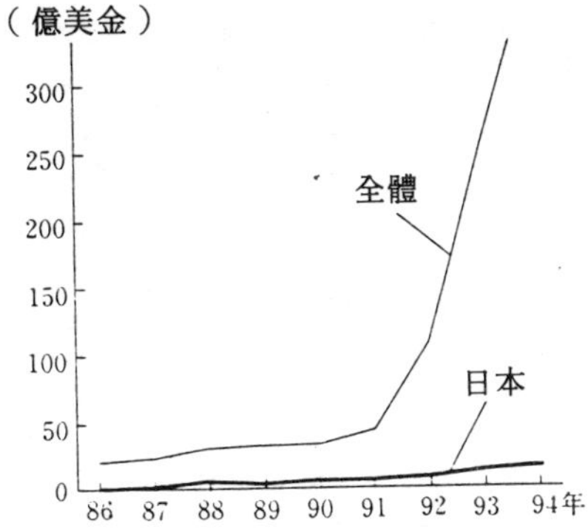

支持一九八〇年代成長的廣東和福建的華南經濟圈，成為九〇年代發展中心的二百億美元計畫的上海浦東開發、開放，還有大連等北方香港化政策，顯示出政權的姿態是容許外資導入主導型的發展。

現在中國經濟的對外依賴度（GNP所占對外貿易總額的比率）達到將近四十％。中國經濟納入國際經濟的範疇必須靠國際社會的協助才能存在。尤其包括日本在內，亞洲鄰近諸國的協助是不可或缺的。

在貿易方面，香港占三十五%、日本占十五%、台灣、韓國、東南亞諸國全部一併計算占七十%以上。海外對中直接投資的慾望並未衰退。西元一九九二年直接投資為五百七十五億美元，是前年的五倍多，九三年突破一千一百億美元。其中八十%是來自於以華僑為主的東南亞鄰近諸國。

社會主義與市場經濟體制

基於以上條件，中國經濟的長期成長似乎已經得到了保證，但並不是說沒有問題。在成長途上還是會有迂迴曲折的變化，需要克服的問題很多，還必須要花一段時間。

需要克服的第一點問題是，關於轉移到市場經濟體制的相關問題。

為使體制轉移的具體化，一九九三年十一月召開三中全會（第十四期中國共產黨第三屆中央委員會全體會議）做成九〇年代改革深化的「行動綱領」。也就是「關於社會主義市場經濟體制的確立若干問題的中共中央決定」。

「決定」是指出確立成為「新任務」的社會主義市場經濟體制。其內容則規定為「在國家的宏觀經濟限制下，市場在資源配置上發揮基礎的作用」。因此強調「主體為公有制，但是各種經濟成分則堅持發展方針，做為轉換國有企業的經營構造」以及「在全國確立統一、開放的市場體系」、「轉換政府的經濟管理機能」、「以間接手段為主，確立完整的宏觀經濟限制體系」、「以配合勞動的分配為主體，但是確立效果優先、公平考慮的所得分配制度」。

關於國有企業的經營構造的轉換方面，目標是現代企業制度的創設，國有企業給與法人的資格、認定企業資產的財產權。而關於市場體系的培養和發展方面，藉著價格改革而確立市場的價格形成的構造。市場體系的培養則是將重點置於金融市場、勞動力市場和不動產市場的發展上。

關於政府機能的轉換方面，在改革方面強調「健全宏觀經濟限制系統」的確立。政府不直接介入企業的生產經營活動，藉著「經濟的方法」進行經濟管理。因此，藉著財政、稅制、金融、投資、計畫體制的改革，確立相互間的組合與制約的機能，在經濟營運方面則強化「綜合調整」。

財政、稅制的改革重點則廢止現行的地方財政的承包制，導入國稅與地方稅分離的「分稅制」。

其理由為，財政承包制使中央的財政收入大幅度降低，影響力後退。在GNP中所占的國家財政收入比例在一九七九年為二六・七％，八五年為二十一・五％，九二年降為十六・六％。中央財政的比重在國家財政之中，從八〇年代開始，由六〇％以上降低為現在的四〇％。每年都會出現一千億元的赤字。

地方財政承包制是地方政府徵收稅金，藉著與中央的交涉而決定將一定的比例繳納給中央。地方徵收的稅收，三〇％繳納給中央。分稅制則是由徵收階段開始就分為國稅與地方稅，中央掌握六〇％的稅收。

分稅制的導入，地方既得權益會大幅度喪失，而中央則大幅度地收回權限。儘管說「地方稅的稅種充實，能使地方稅的收入增加」，但是藉著以往的財政承包制能夠確保資金，所以不願輕易接受分稅制的導入。一九九〇年代曾嘗試進行導入，但是遭遇地方的抵抗而無法實施。從一九九四年一月開始正式導入，中央派遣大量人員到地方進行遊說工作。

由「過熱」所造成經濟混亂的反省，開始強調金融改革的加速化。其中之一就是成為中央銀行的人民銀行之機能的強化。獨立實施通貨政策、利用儲蓄金準備率、中央銀行貸款利率、公開市場的操作手段等手段，限制通貨供給量。此外，將銀行分為負責政策業務的銀行以及商業銀行。推進國家政策的銀行、新設國家開發銀行以及輸出入信用貸付銀行。既存的專門銀行轉換為商業銀行。

但是這些「行動綱領」能夠具體化到何種程度，目前還不透明，例如，金融改革方面，目標是指向政策銀行及商業銀行的政策等。但是地方銀行的幹部人事，如果不能打破地方政府所掌握的現狀，則使市場構造發揮機能的宏觀經濟限制也無法有效發揮。

市場體制化最大的瓶頸在於國有企業的改革，如果不懂經營的共產黨，對於企業方面無法改變「政治指導」的介入作風，則無法產生實效性。結論就是如何能將壓榨市場經濟體制頭上的「社會主義」帽子去除，才是問題所在。

困難的「過熱」體制的克服

應該克服的第二個問題，就是中國經濟上的「過熱」體制。中國經濟自一九四九年建國以來四十幾年中，以三年到五年為周期，進行過八次「過熱」的「緊縮」政策，又陷入「過冷」循環的狀態。也就是出現所謂「大起大落」的循環。

一九九二年後，由於經濟成長的加速化，出現第九次的循環，過熱的狀態深刻化，「泡沫」無法抹去。九三年上半期固定資產投資膨脹為前年同期投資的六〇％，而且投資偏重於炒地皮或炒股票，通貨膨脹也顯在化。

一九九三年六月末，政權為了使過熱鎮靜化，因此緊縮以金融為主，提出了十六項「宏觀經濟限制的強化與改善」措施。這是市場經濟體制的轉換期，中央政府由於不再具有如昔日般強權的統制力，地方由於改革、開放而加強自立化，所以想要抑制過熱現象並非易事。

的確，能與國家預算相匹敵，達到四千億元以上的違法融資的回收等金融緊縮政策，會使企業資金週轉急速惡化。一九九三年上半期末，市場通貨流通量增加為五四%，是歷史上空前的增加，由於緊縮的實施，連續四個月降低，十月末流通量增加，降低為三八・六%。在都市部，一部分企業停止運作，勞工失業問題也非常嚴重。但是違法融資的回收僅達三分之一，金融緊縮政策預計施行至九四年前半期為止。

認為需要加強「宏觀經濟限制」的矛盾作法以及問題依然無法根本解決，無法使過熱鎮靜化的現象擺上檯面。事實上，自從一九九三年政權設定只有八%到九%，但是結果卻遠超過目標達到一三四%的經濟成長率，超過二〇%的工業生產額增加。固定資產投資依然成長五〇%，為政府當初預定的一・五倍。而三十五個大、中都市的通貨膨脹率則仍為二〇%以上。

儘管如此，緊縮卻認為是具有「初步的成果」，一九九四年九月以後，回到高速成長的論調再度登場。提倡回歸論的就是鄧小平。

「低速度等於停止，顯著的低速度等於後退」、「安定與協調是相對的，不是絕對的。發展才是絕對的道理」、「必須掌握機會，加速發展才行」、「問題的最終解決在於經濟發展必須注意成長速度。能快的話就儘量快。不發展是不行的」（『鄧小平文選』第三卷）。在一九九三年十一月的三中全會中捨棄以往「持續安定調和發展」的安定發展口號，提倡高速成長，而提出「持續快速健全發展」的呼籲。

肯定過熱的體質要加以改善，不是簡單的事情，而且較大的麻煩就是過熱的體質是鄧小平本身所造成的。鄧小平在一九九二年春天指示改革、開放，經濟發展的「加速」，九三年春天也指示「不要害怕小失敗」而促進過熱。而這次則提出要回歸高速成長。

如果不追究他的責任，就無法採取過熱鎮靜化的根本對策。但是，一旦要追究的話，則一九八九年的天安門事件以後，中國合為一體的向心的權威會崩潰，當然會損及中國的政治安定。

在中國依然存在著「經濟是政治問題」（鄧小平）的顧慮。雖然鄧小平以後的權力繼承的相關問題的克服也不是簡單的事情。即使能持續中國的經濟成長，無可避免的，這是一條曲折的路。

經濟政策的優先課題

「一九九四年是難忘的改革年、發展年、安定年」。在財政、稅制、投資、金融、價格等方面，顯示「重大改革的顯著進展」、「國家宏觀經濟限制的強化、改善」、「國民經濟持續快速、健全發展的狀態必須保持」。

一九九五年元旦的『人民日報』社論做了以上的陳述，誇耀九四年的經濟成果。經濟成長率為十一·八％，工業生產總額的成長率達十八％。但是農業生產只增加三·五

圖5-2　中國的實質成長率與通貨膨脹率

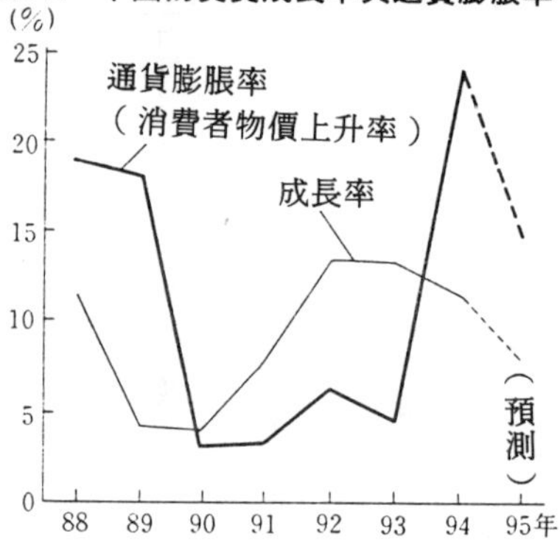

資料：中國國家統計局等

%，糧食生產減少一千萬噸以上。固定資產投資增加率下降很多，但是還是超過目標一〇%而達到二八・五%，通貨膨脹率（消費者物價上升率）達到二四%以上。九四年十二月雖然下降一些，但是仍然達到了二五%以上。因此，國家主席江澤民說「一九九五年是希望年、奮鬥年、勝利年」，同時提出警告「仍然存在著前進中的矛盾與困難」。（『人民日報』一九九五年一月二日）。

這種狀況的出現，顯示在中央權威的脆弱化相當顯著，現體制的存立基礎即將崩解。甚至會阻礙中國提高國際威信的機會，而使其降低。此外還說「物價情勢好轉，上升趨勢明顯減弱」。尤其一九九四年十月，三十五個大中都市的消費者物價上升率為二二%，比前月底上升了一點。與八月的三・八點、九月的三・六點超高水準來看，的確是大幅下降。但是超過二〇%的超高水準仍然維持不變。

自一九七八年經濟改革以來，零售物價指數超過八%的年次有三次。包括八五年的八・八%、八八年的十八・五%以及八九年的十七・八%。現在新物價指數進入大幅度上升期，在九三年的十三・二%的基礎上，九四年零售物價上升率和前年的同期比中達到二一・七%。日本的一九六〇年代年間成長率平均為十一%，通貨膨脹率平均為五・九%，最高不過七・九%。而開發中國家通貨膨脹率應維持五%到一〇%，超過一〇%就非常危險了。

現在中國已經超過二〇%的上升水準，成為一種「慣性作用」，今後預計通貨膨脹也不可能輕易地抑制。但是問題在於由於通貨膨脹地區差距的擴大，造成社會的不滿。上升率農村比都市更高，在貧窮地區較多的內陸中西部，比先進地區的東部沿海更高。經濟先進地區已經進入通貨膨脹的沉靜期，而發展落後的地區卻相反地有上升的趨勢。

一九九四年十月農村消費者物價與零售物價上升率前月比各為二・一%、二%，比都市高了〇・八、〇・六點。消費者物價超過三〇%的都市包括夫夫賀特、南昌、鄭州、南寧、重慶、成都、西安、銀川、烏魯木齊等九個都市，都在內陸的中西部。而最高的重慶為三八・二%。上升幅度較低的是廈門、廣州、深圳等東部沿海都市，為二〇%以下。兩地區的差距為十點以上。

依地區不同，收入和通貨膨脹率的差距有的地方重複。例如：都市通貨膨脹率（消費者物價上升率）在一九九二年為八・六%，而其地區分布的差距則很大，最大值到湖南為十三・五%，最小值到廣西為七%，最大值比最小值高了六〇・一%。因此，湖南與廣西個人名義上收入為二千一百元，但廣西的都市實際收入比湖南高了六．一%。

一九九二年，農村的通貨膨脹率為四．七%，最大值到雲南為八．八%，最小值到遼寧為二．三%。最大值為最小值的三．八倍。因此，遼寧農民收入比雲南高六一%，實際收入高七一%。

抑制通貨膨脹並不容易，通貨膨脹的要因之一是通貨供給量的成長，現在依然太高了。在一九九四年十一月末為止，通貨供給量的成長率與前年比雖然降低了〇．二點，但仍有二七．五%。人民銀行副行長戴相龍說，第三、四半期末流通的通貨M_0（現金）為六千四百十二億九千萬元，比前年同期增加了二六．四%。比第二、四半期增加了七．五點。狹義的通貨M_1（現金＋定期性儲蓄）的餘額為一兆九百零九億六千萬元，增加三二．五%，比第二、四半期上升十一．七點。廣義的通貨M_2（現金＋儲蓄金）的餘額為四兆三千五百十三億七千萬元，增加三七．一%，比第二、四半期上升七．四點。而且通貨供給量M_1的增加率太大，使得通貨膨脹的壓力增大。

通貨供給量增加顯著加速的原因，主要是固定資產投資的成長率依然很大。從一九九四年一月到十月的固定資產投資的成長率為三八%，國有單位的完成固定資產投資上升四〇．四%，成長率本身比九三年同期下降。在第三、四半期方面，國有部門的投資與前年同期比增加四三．九%，為五千八百六十億元，成長率降低了二二．五點。

但是，一九九三年的高速成長的基礎不斷地延伸。而且未納入國家統計部分的固定資產投資，如果也一併算入，實際成長率應該是超過全體的四〇%。消費基金急增，九四年一月到九月增加了四一・三%。尤其九月增加了六〇・三%。而財政支出的急增及金融信用的混亂，也導致通貨供給量急增。

全國財政收入十一個月提升了十八・九%，支出上升了二二・一%。根據國家稅務總局副局長項懷誠的說法，分稅制的實施非常順利，而初步新舊稅制的「平穩轉移已經實現」、「開始出現明確的效果」。工商稅的徵收額，一九九四年一月到十月間與前年同期比增加了三〇%。但是在十月末的統計，有四十九億四千七百萬元逃漏稅款，與前年同期比增加了四二・三%。沒收額達到三十六億六千一百萬元，與前年同期比上升了七六・九%。

關於月收入八百元以上的個人所得稅方面，占總額半數的稅款都因逃稅而未繳納。律師、高級廚師、美容師等每月收入為二千到三千元，一部分為五千元以上。外國的中國駐在機構的中國從業員每月收入二千到五千元，浙江某個集團公司的總經理年收入一百二十萬元。從一九九四年一月到九月的個人所得稅的繳納額為四十八億九千萬元，與前年同期比增加六一・七%。根據調查，同期的個人所得稅應該是百億元。也就是說，個人所得稅與徵收額同樣都有逃漏稅的傾向出現。

困難的通貨膨脹抑制

在經濟方面，企業家們的景氣短觀「愼重樂觀」（『經濟日報』一九九四年十一月二十六日及十二月十三日）。根據國家統計局所實施的以一萬家公司為對象所進行的調查發現，九四年第三、四半期的宏觀經濟的情勢方面，三〇%的回答是「雖未改善，但也未惡化」。三六%則認為比「第二、四半期更為下降」。關於第四期的預估方面，三八%預測會上升，四〇%回答不變，二二%回答會下降。

對於國有企業的調查，回答「正常經營者」為七二・九%，認為「操業半停止狀態」者為二六・二%，回答「操業停止」者為〇・五%。四七・四%的企業在資金面感覺非常困難。而經營面「最突出的問題」，七九・一%的人認為物價上升幅度過大，五五・五%的人認為原材料或能源的價格上升太大，而無法吸收。

一九九四年十一月二十八日到十二月一日為止，召開黨中央與國務院所召集的中央經濟工作會議。總書記江澤民以「明確認識情勢、統一思想，好好進行來年的經濟工作」為題進行專題演說，總理李鵬則進行「宏觀經濟控制的強化、改善，維持來年的國民經濟，確保快速健全發展」的重要演說，然後副總理朱鎔基則進行總括的演說。

會議中提起九五年經濟工作的主要任務。第一是宏觀經濟限制的強化、改善，通貨膨脹的抑制與國民經濟發展之良好傾向的維持，第二點則是以國有企業改革為重點進行諸改革的推進與宏觀經濟管理體制的整備，第三點則是農業投入的增加，確保農業、副業製品的供給，以及全面農村經濟的發展與繁榮，第四點是構造調整的擴大、技術進步的管理、推進的強化和經濟整體的資質效率的提昇。

光是這一些，可能要了解到底九五年經濟政策的重點在何處？九五年度的經濟工作方面，認為「必須正確認識、把握」，並提出七項問題。

第一，「決定要抑制通貨膨脹」。第二，「以真正的農業強化為經濟工作的首位」。第三，「重點之國有企業深化經濟體制改革」。第四，「著實提昇經濟成長的質與效率」。第五，「抑制消費基金的過剩發展，決定要克服一部分單位有盲目個人收入及社會團體消費增加的傾向」。第六，「擴大對外開放」。第七，「強化改善宏觀經濟控制，把握時機解決經濟發展的矛盾與問題」。

為了達到經濟成長的「持續保持良好趨勢」，因此要好好進行七項工作。

第一，「保持適當經濟成長速度」，固定資產投資的規模之抑制成為宏觀經濟控制的「重要任務」。第二，「抑制物價上升幅度、抑制通貨膨脹」。第三，「使農業和農村經濟大大發展」。第四，「認真考慮工業、運輸問題」。第五，「努力增加收入，節省支出，嚴格執行財政預算」。第六，「改善投資環境，擴大對外開放」。第七，「好好制定『九五』計畫」。

但是整體而言，無法從中找出經濟的重點。也沒有辦法「進行明確的佈署配置」。

例如，通貨膨脹抑制。『人民日報」社論承認「持續兩年物價上升幅度過大，成為社會各方面注意的問題」，而會議也將「必須認識、把握」視為問題的第一要件，但是在「前進中存在的困難與問題」中並沒有包含「正面突出的問題」。而在「正面突出的問題」中指出「農業問題相對脆弱，一部分國有企業的生產經營困難，若干地方的社會治安狀況並不好」而已。

當然，政權並沒有放棄要抑制通貨膨脹。但是隨著「絕對抑制」，到底「絕對抑制」到何種程度為止呢？還沒有定論。『人民日報』社論說「通貨膨脹無害」、「通貨膨脹有利於發展」，甚至展開這些主張。而這些主張一再被朱鎔基批評為「非科學的」主張。這種主張在市場上被認為是「西方經濟理論教科書的盲目崇拜」。但是，社論和朱鎔基都認爲，「在經濟快速發展時期，不免於一定的通貨膨脹出現」。「物價總水準在一定的時期上升到一定的程度為止，無法完全免除通貨膨脹」，還說「這是應該要支付的成本」（『人民日報』一九九四年一二月六日）。

當然，社論是採取通貨膨脹「有害論的」立場。但是並不是全面「有害論」。「過高的通貨膨脹當然有害，而且有危險」。換言之，只要不是「過高」，通貨膨脹應該是處於「無害」的立場。

關於「絕對抑制」方面，造成經濟冷卻，由於金融緊縮而使以國有企業為主的企業倒閉或失業者增加，引起社會不安或混亂的副作用非常大。九五年物價上升率抑制在二〇%以下的緩和目標，就是不希望激烈的通貨膨脹「絕對抑制」會引起這些副作用。

因此，會議並未將通貨膨脹的「絕對抑制」視為九五年度經濟工作的「首位」，或是「最重要」任務。通貨膨脹抑制不是整個經濟工作中而是視為工作主要任務之一的「宏觀經濟」控制中的「主要任務」（『人民日報』一九九四年十二月六日）。

中央權威的脆弱化與地方主義

這種曖昧的姿態，使得將近三〇%的消費者物價上升率通貨膨脹無法抑制。政權也許已經放棄了要加速抑制通貨膨脹。加速抑制通貨膨脹，就必須導入強力金融緊縮的通貨緊縮政策，這樣就會使已經赤字體質的國有企業，面臨倒閉或是操業停止的危機，超過一億名勞工的薪資無法給付或是必須暫時解雇。如此一來，由於差距過大就會造成不滿，而使社會變得更為不安定。

過度的通貨膨脹雖然能夠抑制，但是副作用太大，所以無法加速通貨膨脹的抑制。這種姿態顯示出這次會議的總括基調，象徵九五年經濟情勢的不透明。

此外，由於中央的權威、權力減弱，因此想要發動強權希望能夠儘早抑制通貨膨脹也是不可能的。這是因為背後有曖昧的姿態存在。『人民日報』刊載評論人的論文說「要自覺性地擁護中央權威」（『人民日報』一九九四年十一月二十九日）。認為「改革與建設要循序漸進，為避免混亂出現，中央的權威非常重要」。而這是現在以江澤民為「核心」的第三世代的中央領導團體所欠缺的。

「擁護中央權威最重要的，就是思想和行動面要和中央保持高度的一致」、「中央的權威對於全黨工作的組織、指揮和領導才能有效地實施」。「擁護中央權威的關鍵在於行動。中央決定的一切都要認真實行，絕對要實現才行」，但是「現在的問題是，一部分的單位或部門還是存在著實行貫徹不足的狀況」，「以特殊情形為藉口」，「給與融通」，「上面有政策，下面有對策」，藉此而無法貫徹中央的決定。

關於通貨膨脹等經濟問題方面，也沒有辦法抑制地方的任意活動。『經濟日報』（一九九四年十二月十四日）指出「經濟問題未解決，其存在的部分就是一部分的地方政府在實際工作上並未實施中央的政策」，地方並沒有實施中央的政策，尤其在通貨膨脹方面，地方未得中央的許可，就推進獨自的建設計畫，地方政府強力要求銀行給與融資。在經濟工作會議後，包括江澤民在內的領導者團體到各地方視察。

江澤民視察天津；李鵬到湖北　湖南；朱鎔基到江蘇；鄒家華到河北；吳邦國和姜

春雲視察河北、河南。並進行一部分省級領導者人事更換。但是關於「分散主義」或「地方主義」，目前中央並沒有可以壓抑的權威，只能反覆地要求協助。

「國家政治生活中，只有一個中心。黨中央就是這個中心。根本而言，地方黨委與政府是黨中央與中央政府的延長。其職能是結合中央的大政方針與地方的具體現實，透過獨立自主的工作而使中央決定的政策定著化，實現國家發展的目標。對於這個問題一定要清楚的保持認識才行。建立將全國成為一個基礎的思想，反對分散主義與地方主義，好好地處理中央與地方的關係，地區與地區之間、地區與部門之間的關係要好好處理，必須互助合作提倡對大局的考慮才行」（『人民日報』一九九四年十一月二十九日）。

中國經濟是否凌駕於日本之上

現在日本經濟尚未脫離不景氣的狀況。一九九四年度實際上仍未脫離負成長的狀態。中國則加速高度成長，九二年以來一直維持十三%左右的成長率。

也可以說日本經濟已經在「坡上」，而中國現在還正準備「爬坡」。潛在成長力以中國占壓倒性勝利。一九九四年的GDP為五千億美元，只是世界第八位，而到二十一世紀初期，預計有可能成為經濟超大國。

現在兩國經濟以同樣的水準而言，仍具有無法比較的對外影響力差距。差距不僅在於已經超過三兆美元的日本，以及只有其六分之一的中國的GDP而已。對外貿易、投資以及ODA的蓄積、產業發展的方式、經營管理的系統以及技術開發的積極性等，「日本型典範」對中國而言都是值得學習的對象。

中國的確擁有能夠超越日本的潛在成長力。但是差距依然很大。在潛在成長力的顯在化方面要克服的課題很多，都需要很長的時間。最大的課題之一就是市場經濟體制的轉移。

這與潛在成長力的顯在化會造成影響的第二個課題有關。就是中國政治的安定。中國最大的實力者鄧小平就說：「政治安定對經濟發展而言是不可或缺的前提」。但是「鄧小平不在了」一旦成為現實，目前還沒有準備好在確保安定下能取而代之的人物。魅力人物只限於一代，他所指名的江澤民還不具有領導者們能夠認可的魅力。不需要魅力人物存在的政治安定系統的確立，在中國近代史中並無前例，而且需要很長的時間。

影響潛在成長力顯在化的第三課題就是國際環境，尤其日本、美國以及中國的三國關係。以經濟來看，中美關係已經遠超過中日關係。中美貿易在一九九三年達到四百五十億美元，對美順差增加為二百五十億美元。對中投資也超過日本，九四年累積突破一百億美元。

但是天安門事件以後，如果認為雙方磨擦的關係會變得好轉，未免言之過早。中國方面當然希望改善關係，並且對於一直以民主主義和人權的尊重來壓迫中國的美國，抱持警戒之心，對於使社會主義中國從內部崩潰的「和平演變」的「沒有硝煙的第三次世界大戰」（鄧小平）一直抱持警戒之心。

中國當然會衡量與美日兩國的關係。但是對潛在成長力的顯在化而言，不可或缺的經濟協助，為了加以確保，也必須要重視對日關係。尤其在事件以後在脫離國際孤立化上，基於「中國的安定對亞洲而言、對世界而言都很重要」的觀點，對於積極協助中國的日本的責任，今後也不能夠忽視。

對於潛在成長力顯在化的第四個課題是，以「中華經濟圈」或「華人經濟圈」的關係。最近的中國經濟的顯著發展，原因之一就是香港、台灣、東南亞諸國華人對於中國的援助。一九九三年來自海外的直接投資為一千一百億美元。其中八〇%以上都是來自一些華人集團。

鄧小平在中國全土的經濟發展上，特別表明期待這些華人「同胞」的協助。但是，以商業為最優先考慮的華僑，是否能如中國所願，對於很難達到投資回收的內陸或北部也進行投資，這的確是一大疑問。

當然，能夠得到短期資金回收的華南，成為華人集中投資的地區，藉此促進中國全土經濟分裂的可能性仍然存在。中國濟在成長力顯在化，經濟的影響力想要凌駕於日本之上，恐怕還要花很長時間。

第六章　中日關係的處方箋

——尋求友好與競爭的平衡

日本與亞洲的新關係

一九九二年為四百十七億六千萬美元與四百三十六億七千萬美元，一九九三年是五百三十五億九千萬美元與五百一億九十萬美元，一九九四年為六百十六億五千三百萬美元與五百四十九億六千二百萬美元。

前者是日本對亞洲，後者是對美國的貿易順差額的演變。如果由以上數字就認為對日本而言優先順位由美國移到亞洲，未免言之過早。但是亞洲對日本而言，的確是與美國同樣重要。

如此一來，以往光是只要以美國為基軸就可以進行的外交戰略，今後必須將美國和亞洲一併納入視野，架構新的外交戰略。這也可說是日本外交的「新時代的轉換」。但是問題在於日本是否認識這個「新時代的轉換」，是否擁有適當的戰略呢？遺憾的是，答案目前是否定的。

日本的國內政治目前還沒有餘地建立戰略構想。從一九九三年開始兩年內，就更換了宮澤、細川、羽田及村山四位首相。非自民的連立、自社的連立政權與政權的組合都是流動的。

但是到目前為止，以某種意義來說，日本在無意識當中，就已經對亞洲的發展有了極大的貢獻。

自一九八〇年代以來，亞洲地區似乎已經形成雁群結伴飛翔似的，陸續進行經濟的發展。而這種成長的現象被稱為「雁行型經濟發展的構造連鎖」。從亞洲ＮＩＥＳ（新興工業經濟群）到ＡＳＥＡＮ（東南亞諸國聯盟），而且從中國沿海地區到印尼半島都出現成長的現象。這種顯著經濟發展的連鎖，造成「二十一世紀是亞洲、太平洋的時代」。

在「新時代的轉換」時，日本首先必須考慮亞洲的改變。而且對於這種改變的持續必須要積極地加以貢獻。改變是以美國和日本為起點，而負責維持這種改變的責任，則在日本的身上。

要能夠維持亞洲地區成長現象的持續，首先就是要保持地區相對的安定，要確保各地的政治安定，以及地區的安全保障。而這時美國的軍事援助發揮極大的作用。另外一點就是，日本經濟在三方面都具有促進成長的作用：其一就是資金與技術的供給。第二是製品輸入的吸收力。第三就是成為發展模型的影響力。隨著與日本關係的加深，從一九七〇年代開始，亞洲各地間歇性的發生批判日本的動態，但是到八〇年代時，這種行動已經銷聲匿跡，就像馬來西亞所提倡的「ＬＯＯＫ・ＥＡＳＴ」一樣，給與日本肯定的評價。

日本的姿態現在已經不只在經濟方面。卡拉OK、電視遊樂器、日本式的速食店在亞洲各地遍布。而這種亞洲大衆文化的日本化，已經不像昔日美國受人責備的「文化帝國主義」的侵入，如果有這種想法已經是落伍的認識了。由於經濟發展的結果，時代意識的共有性，在亞洲和日本之間擴大，而亞洲政治的成熟也允許這種發展出現。

這種促使亞洲改變的日本的作用，必須是今後日本的「亞洲戰略」形成出發點之一。但是今後，必須要下意識地加以控制，同時又必須積極的給與貢獻排解這種看似矛盾的作法。

世界經濟展現EU（歐洲聯合）、NAFTA（北美自由貿易協定）等地域化的傾向，而在亞洲則有EAEC（東亞經濟協議體）、大中華經濟圈、華人經濟圈等地域化傾向。但是亞洲的經濟發展在於地域內的「構造的連鎖」，而這個發展並非朝外封閉的。當然是朝外開放給包括歐美在內的各國，所以能夠進行更大的連鎖發展。今後在發展上，對外開放是不可或缺的。不僅指出排除美國的EAEC，或排除日本的大中華經濟圈構想的危險性，同時在亞洲經濟的協助體制建立上，也必須要發揮推進的作用。

這時的關鍵在於要確保在這個體制中能夠成為有力成員的美國的參加。一九九三年秋天，APEC（亞太經濟互助會議）的非正式首腦會談，在美國總統柯林頓的呼籲下召開。這也表示美國開始重視亞洲的戰略姿態。一九八六年美國對亞洲輸出超過對EC

的輸出，到九二年達到一千二百億美元。

非正式首腦會談也顯示出亞洲諸國以經濟發展為背景，真正進行地域協助的姿態。一九九四年秋天在印尼召開第二屆非正式首腦會談。同意在整個地區採用階段式的貿易自由化的實現。由這個意義來看，APEC是包括美國在內的新亞洲多國間協議的會議。

多國間協議不光只是談經濟問題。在亞洲方面，冷戰結束後出現「力的真空」的狀態，且軍事擴大競爭出現。確保亞洲安定秩序方面，多國間協議必須發揮一定的作用，在這一方面，日本也小心謹慎地發揮推進的作用。

一九九四年七月二十五日第一屆ARF（ASEAN地域會議）中，日本的推進主導作用被隱藏。ASEAN諸國當初對各國間的國內情勢、對外政策的優先順位等，多國間的地區安全問題進行討論，但是卻猶豫不決。打破這個狀態的關鍵就在於日本的提案。九一年七月，當時外相中山首先提出將ASEAN擴大外相會議，當成政治對話的場合，而ASEAN方面最初的反應是消極的。翌年一月的ASEAN首腦會議中，開始進行安全保障問題的討論。這次的ARF完全不談及這個經緯，而只強調包括中美等大國在內的ASEAN的主動表現，沒有談及日本的主動表現。

但是對此不必感覺不滿。與其自誇的主動表現，還不如以此為基礎著實地發展陰德，才是日本在亞洲該走的路。這種作用稱為「軟性主動」。

日本為了維持高棉和平，而派遣自衛隊進行ＰＫＯ（和平維持活動），這是日本在亞洲對於安全保障，以及安定秩序的維持上所展現的行動。但是在日本國內，這種認識並沒有固定，依然根深蒂固地反對派遣自衛隊參加ＰＫＯ。雖然連立政權誕生促進造成冷戰的五五年體制的解體，但是戰後一直約束日本的一種體制的克服並未達成。從太平洋戰爭失敗之後，一國和平主義的體制是不可能輕易地崩解的。

一國和平主義在冷戰下五五年體制的支撐中一直存續著。美國有核子武器，而且認為日本是小國，允許這種體制存在或者是加以忽略。大國絕不允許只擁有自己國家和平的這種自私自利的思想存在。冷戰結束後，日本至少成為亞洲大國，因此必須要努力從這種體制的拘束中解放出來。

這個拘束解放的困難點，在於同是戰爭受害者的亞洲，以及加害亞洲的日本都具有「過去」未加以清算的意識存在。

一九九三年就任後的細川首相，表明了「戰爭責任」發言，在亞洲各地獲得了好感。自社連立政權的村山首相也做同樣的發言。這種發言再加上具體的對應措施，才是拘束解放的關鍵。以此為起點，現在應該是應付「新時代轉換」日本亞洲戰略架構時期。但是剩下的時間並不長了。

日本打算在經濟以及政治和安全保障各方面，在亞洲多國間協議體制建立上積極貢獻。但是一個問題就在於是否有夥件的存在。對於日本而言的夥件當然是美國，另外也包括東南亞諸國、澳洲以及台灣。藉著經濟發展「連鎖的構造」緊密結合，仍然各自擁有地區的特色，而政治民主化的方向與日本共通。日本藉著一九七二年與中國大陸的國交正常化，而斷絕與台灣的關係。但是現在的台灣與七二年的台灣有所不同，已經改變許多。改變的不只是經濟，連政治也有改變；不只對國內造成影響，也造成對外的影響。

中日關係與台灣

「中國是『祖國』還是『外國』？」

這是刊載在全十八卷的中國大陸觀光指南書宣傳文件，台灣的報紙廣告開頭的標題。刊載這個標題的報紙是台灣政府執政黨國民黨系的『聯合報』，以整個篇幅來刊登廣告（『聯合報』一九九四年三月十四日）。

與大陸的關係方面，台灣政府的官方姿態是「一個中國」，以中台的「國家統一」為長期目標。但是台灣目前的實際情形，已經超過了政府的目標。「台灣是台灣，不是中國」、「我是台灣人，不是中國人」。像這種與中國分離的「台灣認同」的呼聲在台灣日益高漲。

一九九四年三月十四日開始，二天內以「台灣與日本——過去、現在與未來」為主題在台北舉行國際座談會，筆者也參加了。主辦者是「彭明敏文教財團」。彭明敏是國際著名的國際法學者，是台灣人，在台灣主張台灣獨立，長年來在美國過著流亡生活。由於台灣政治民主化的進步，終於在兩年前回國。曾經成為九六年三月開始實施的台灣居民直接選舉總統中的現任總統李登輝總統的有力對手。

參加座談會的台灣方面出席者，幾乎都是台灣人，以日台關係為主題，討論中心是「台灣認同」的確立，「認同」是以台灣百年史中的關係性來確立。從一八九四年開始日本殖民地的五十年「怨恨和懷念混合」的時代，後來由國民黨的大陸（外省人）統治了五十年，被視為「充滿苦難」的時代。認為今後必須要實現「台灣人的台灣」，而希望一直抱持著「懷念之心」的日本能夠加以協助。

對於中國大陸方面，包括武力侵略在內擁有根深蒂固的警戒感。在討論日台關係的歷史時，甚至有曾經當過日本兵的台灣人說「自己是日本人」，但是卻沒有「討厭中國人」的議論出現。座談會原本是用國語和日本話進行的，但是應旁聽席的要求，中途取消使用國語，而使用台灣話和日本話。

「台灣認同」成為「台灣意識」，如果認為藉此就能使「台灣獨立」早日實現，未免言之過早。而且一直持續與大陸的分離狀態，台灣的自立以及脫離大陸是既成的事實，「一個中國」的可能性愈來愈淡。台灣政府也不能完全忽略這種民意。在座談會的同一天，行政院院長連戰也在打招呼中，說明彭明敏是大學時代的恩師，台灣各報也以一面的篇幅加以報導。

自一九八〇年代末以來，台灣擁有顯著的經濟發展，同時政治民主化急速進展，在政治和經濟兩方面的「台灣經驗」備受國際間注目。而在這個自信中，台灣的自立化傾向更為明顯。推進這個傾向的中心人物，就是台灣人總統李登輝。

李總統放棄國民黨政權是包括大陸的中國正統政權的政治假象，努力尋求台灣的認知，希望與大陸分離，成為個別的「政治實體」。以台灣居民的民意為政權正統性根據的民主化，於一九九六年由居民進行總統直選而完成。對外方面，以經濟力為槓桿推進「實質外交」，展現台灣是與中國大陸不同的國家存在。九四年二月的農曆正月，李總統告假訪問菲律賓、印尼、泰國等地，展開與各國首腦會談的「休假外交」。希望能夠出席十一月在印尼所召開的ＡＰＥＣ正式第一屆首腦會談，或者是訪問日本和美國。

中國與台灣的民間交流組織，在大陸方面是海峽兩岸關係協會，在台灣方面是海峽交流基金會的準首腦會談，在一九九四年七月三十日於台北舉行。會談在八月七日終了，翌日簽定聯合公報。公報中指出在緊急、重大事件上，海峽兩岸會議的聯繫、劫機犯遣返事務協議的促進、統一公證書的適用範圍擴大等協助、快捷郵便業務的展開、通話品質的改善、經濟交流的促進、文化、科學技術交流的擴大、遺產繼承事務的互相協助等問題。

其中像漁業紛爭、劫機犯的遣返、走私、偷渡客遣返等，得到共同認識，迅速正式簽約。而中國方面以往一直不承認台灣的司法管轄權，以「一事不再理」的表現，儘量避免使用司法管轄權的名稱，現在則已經讓步，實質上承認台灣的司法判決。但是關於劫機到台灣的犯人，到底適用於哪一邊的法律，則必須先達成結論。因此，在上述三項目上指示互相同意，而今後的發展則必須依賴今後的協議。

關於這一次會談，兩岸均給與「重大突破」的高評價。一九九三年四月以後的第二次首腦會談（大陸方面為會長汪道涵、台灣方面為理事長辜振甫），也是「儘可能迅速達成協議」。九五年四月在北京實施會談。九四年三月台灣觀光客二十四人，在浙江省千島湖被強盜殺害事件，台灣方面對於中國方面的對應遲緩感到反感，使得兩岸關係陷入僵化。但是藉著這次的會談關係修復，預料兩岸交流能更有進展，但事實上並不如衆人的期待，中國方面並未順利地進展。

一九九一年中國方面成立海峽兩岸關係協會，台灣方面成立海峽交流基金會，成為利用民間交流、處理紛爭的窗口。九三年四月在新加坡召開首腦會談，九四年及九五年召開準首腦會談。其代表為次官級職務的經驗者，雖說是民間交流，實際上卻是政府間的交涉。不過這個交涉仍有一定的界限。

原因方面就如先前所述的，台灣方面想要脫離大陸，自立化的指向無法停止。隨著經濟發展的政治民主化的「台灣經驗」的自信，不僅在台灣的經濟，甚至在政治面能夠代替外省人占主流的台灣人（本省人）的「台灣認同」意識增強了。尤其李登輝總統等台灣出身者的主流派，掌握國民黨的主導權，因此台灣政治的民主化、台灣意識更為顯著。因此，鄧小平在考慮到台灣問題時也說「這是無法確定解決時機的問題」。

台灣的國民黨和中國共產黨同樣以「一個中國」為絕對前提，不承認台灣獨立。但是李登輝政權在九一年單方面宣布與大陸的內戰終結。承認大陸共產黨政權的存在，事實上也承認國民黨政權只是實效上支配台灣，並未支配整個中國。

一九九四年上半期行政院大陸委員會委託蓋洛普調查（以一千零九十二人為對象），顯示七八・八%的台灣民衆，對於千島湖事件大陸方面的處理回答是「沒有誠意」，五四・三%主張全面禁止到大陸觀光，六八・七%回答中國共產黨政權對台灣抱持敵意，二七・三%主張獨立。根據九三年十月的調查上升了七點。而在這次會談之後做調查，顯示希望目前或半永久性中台分離現狀維持，以及台灣獨立的回答達到九〇%。

會談時，在野黨民進黨和台灣人權團體，對進入台北的中國方面的代表團揭示「台灣是台灣，中國是中國」的口號，展開抗議活動。對於這些活動，常務副會長唐樹備批判為「少數的行動」，民進黨則提出要統一還是要獨立，最好在國際監視下實施台灣公民投票來決定。

台灣人的李登輝總統得到台灣居民壓倒性的支持。一九九四年七月二十八日在國民大會中正式修改憲法，決定從九六年開始，總統經由直接選舉產生。否定由國民大會代表進行間接選舉，選舉選出包括大陸在內的中國全境之代表的虛構，認為由台灣人直接選出的台灣人代表來擔任總統，也就是向內外清楚的宣誓台灣和中國是不同的政治實體。

當李登輝再度出馬競選由直接選舉產生的首任總統時，得到壓倒性的支持。根據台灣報紙（『自由時報』）的問卷調查，對於總統的形象給與肯定的回答占八〇%，否定只有三・三%。對於他的表現，七〇・八%給與肯定的評價，而否定的只有五・三%。支持他參選者達六四%。

李登輝並不否認「一個中國」，但是認為這是「將來的事」，否定目前的統一。反覆訴說「台灣人的悲哀」，認為把台灣視為是中華人民共和國的一部分，這種中國方面的主張是「奇怪的夢想」。認為「現在的台灣是屬於分裂、分治狀態下的主權國家」，包括聯合國在內，向國際社會尋求台灣成為政治實體的認知，而希望中國方面迫於國際的壓力而接受這個事實。

繼一九九四年農曆正月的「休假外交」後，李登輝總統在五月遍訪南非、史瓦濟蘭、哥斯大黎加、尼加拉瓜等中美諸國。這是隔了十七年之久，正式以總統身份的正式外遊。在南非出席總統就職典禮，接受南非承認中國與台灣的雙重做法，維持與南非的關係，此外也和美國的副總統科爾接觸。也參加哥斯大黎加總統的就職典禮，和中南美六國首腦會談。歸途中在新加坡落地加油時，也和吳國棟總理在機場會談。雖然只有二十九個國家與台灣建立邦交，但是藉著經濟協助擴大實質外交。

再次加入聯合國的活動也非常活潑化。九三年有十國聯名向聯合國事務總長提出台灣加入聯合國的請求。九四年七月尼加拉瓜、巴拿馬、哥斯大黎加等中南美七國的外交部長和台灣的外交部長錢復，簽名發表共同聲明，支持台灣加入聯合國。而非洲和中南美的十二個國家，也向事務總長提出支持台灣再加入聯合國的書簡。

美國在一九九四年，也開始認眞地評估台灣政策。八月十日國務院發言人馬嘉里表明「檢討與台灣的關係強化」，說明「現在在非正式方面要強力地反映對台關係」，包括實質上提高兩國的常設機構，以及台灣高級官員訪美的手續簡化等。台灣方面則有意將現在的北美事務協調委員會變更為台灣代表部。

一九九四年九月七日，美國自一九七九年一月與中共建交以後和台灣斷絕外交關係以來，首次發表對台政策的變更。以往「一個中國」的政策並未變更，可是已經邁入經濟關係的正式化。例如，雖然不支持台灣加入聯合國，卻支持台灣加入ＧＡＴＴ，對於經濟或技術相關部門的美國高級官員的非正式台灣訪問也加以解禁。雖然不允許台灣首腦訪美，但卻允許往第三國訪問時通過美國。並同意台灣代表處的名稱變更為「台北經濟文化代表處」。

議會的動態則有大幅度的變更。台灣關係法的修正決議，以及邀請李登輝總統訪美的邀請函，送到美國台灣辦事處。五月時李登輝總統訪問哥斯大黎加中途打算在夏威夷住宿一晚時，雖然美方拒絕他登陸，但是為了加油卻讓他留在機上九十分鐘，證明這些事態已經逐漸消解中。

中國方面仍然無法捨棄「一個中國」或「一國兩制」的原則。因此，對於李登輝總統提出的「身為台灣人的悲哀」，或者是國民黨擺出的「外來政權」的姿態給與嚴厲的責難，對於台灣想要加入聯合國的外交攻勢也給與嚴厲的責難。台灣脫離中國，也就是「台灣化」的現象卻不容忽視。在台北遭遇抗議示威的海峽兩岸關係協會的常務副會長說到「必須重視代表台灣約三〇％民意的反對黨的力量。將來必須在北京或者適當的場所進行交流」。也就是說，統一的交涉對象不只是國民黨，現在必須要承認這個事實了。台灣辦公室主任王兆國，於八月四日在北京召開的兩岸關係研究會中說「中台雙方擁有可以討論所有問題的環境」。主席江澤民於一九九五年一月末也呼籲與台灣首腦的會談。呼籲時表明保留對台灣解放時行使武力的可能性，但是並非直接以武力攻擊台灣同胞，希望能和台灣首腦互相訪問及會談。

台灣方面也不可能只基於民意而實行台灣獨立。對內仍是由無法捨棄與大陸維持統一目標的國民黨保守派支撐，而對外仍然保持絕對拒絕台灣獨立的姿態，對於不放棄以武力解放台灣的大陸政權的壓力，李登輝政權無法正式宣布放棄「一個中國」。但是在兩岸關係方面則與大陸積極進行直接交涉，經濟、貿易關係也變得更為密切。

中台貿易在一九九四年接近二百億美元，尤其輸出已經占台灣全部出口的將近一〇%（大陸為一〇%弱），對中順差成為台灣貿易順差的七五%以上。對中投資根據九三年末的累積已經突破五十億美元，超過美日，繼香港之後為世界第二位。在台灣對外投資總額當中，占將近十五%（來自台灣的投資在大陸方面的對外投資總額中占一〇%），在繼續下去，在經濟方面當然更能促進兩岸的一體化。但是大陸經濟規模將來會不斷擴大，台灣對大陸的經濟依賴度也會增加。政治面和心理面脫離大陸，經濟面卻接近大陸，兩者之間台灣很難選擇。

中國與台灣的關係今後將會如何發展，這是兩岸雙方當事者的問題。但是其展開對於亞洲經濟、安全保障而言，卻有極大的影響。兩者都在國際社會當中，現在不只是美國，亞洲諸國對於兩岸關係的穩定發展也不斷地發揮作用。而日本則須發揮主要作用才行。

八月八日李總統的夫人陪同孫女由夏威夷搭乘中華航空的飛機歸國途中，遇到颱風而緊急在那霸機場著陸，待在候機室三小時，一步也無法離開。畢業於京都大學的李登輝總統，希望到日本參加大學同學會，但是日方卻無法接受。李登輝總統曾說：「在亞洲，不，在世界上，沒有比台灣更重視日本，更能夠支持日本的友人了。」而對於台灣的這種態度，日本是如何應對的呢？實在應該要檢討一番。因為這種機會將來還會非常多。例如，十月廣島亞運伴隨產生的李登輝總統訪日的問題，日本政府苦思應對之道。由於遭受中國方面的激烈反對，日本無法接受李登輝總統訪日的要求。中國雖然提出抗議，但是日本政府還是接受行政院副院長徐立德訪日。中國為了讓日本確立「一個中國」的原則，因此，實現派遣閣僚到副首相等高官訪日的日方要求，而台灣方面則藉著大幅度的報導，希望日本輿論能夠更加了解台灣。

重視日本的中國外交

在重新重視亞洲外交時，日本絕對不能夠輕視與在這個地區的經濟、政治具有極大影響力的地區大國——中國的關係。

中國一九七八年以來經濟發展展現實績，更加深自信能夠從「開發中的大國」變成「經濟大國」。藉著發展實跡以及將來的可能性，倍受世界注目，對於亞太地區的安定和發展，具有極大的影響力。在這個地區的中、日兩國「地位與任務更為顯著」。中日雙方互助合作「為了維持這個地區的和平與繁榮，應該有所貢獻」（『北京週報』一九九四年第四十五號）。

因此，中日關係已不再像以往只是考慮中日兩國的情況就夠了，而已經成為「世界上的中日關係」，尤其必須擴大為「亞洲內的中日關係」。

中國自一九八九年的天安門事件以後，維持一貫重視日本的外交姿態。脫離因為事件而造成的國際孤立狀態以及對美關係修復時，希望日本能成為重要的協助對象，在今後以及不久的將來，這種中國外交的基本點是不會改變的。

天安門事件後，中國為了脫離孤立化而致力於和亞洲周邊諸國改善關係時，日本的經濟力成為中國的支持背景。而希望參加亞洲諸國非共產諸國的經濟發展的連鎖構造時，成為連鎖構造牽引力的日本的支持也是不可或缺的。希望與西方先進諸國修復關係時，日本基於「中國的安定是亞洲太平洋的安定不可或缺的」的立場而主動的解除對中經濟制裁。對美關係修復方面，中國方面也期待日本的介入。

冷戰後新的國際情勢下，日本被迫對於國際貢獻要更加深「責任與任務」。為了完成「責任與任務」，日本將亞洲太平洋視為外交的立足點之一，而在這個地區不僅是經濟，包括安全保障的政治面，也必須要「積極貢獻」，在一九九三年四月訪日的總書記江澤民表示，中國不再像以往一樣表現反對的態度，反而會表現出肯定的「期待」之心。一九九二年秋天天皇訪問中國，就已經超越了過去的關係，成為「新中日關係的出發點」得到極高的評價。

但是，這並不表示中國方面已經將過去的歷史問題全都清算了。在天皇訪中時，國家主席楊尚昆就已經說過：「歷史會銘記在心」。

日本前首相細川承認應該背負戰爭責任的發言之後，歷史問題約束了中日關係。一九九四年五月新任的永野法務大臣對於懷疑「南京大屠殺」及侵略戰爭的發言，以及八月自社連立政權的櫻井環境廳長官，否認先前戰爭的侵略意圖等發言，都成為嚴重的問題。中國方面基於「正確處理歷史」的立場，而認為「日本政府要高度重視這個問題，以避免中日友好協助關係的正常發展成為泡影」，因此要求日本方面進行「正確的處置」。

主席江澤民則說：「我就曾對日本友人說過好幾次，為使中日友好關係發展，首先必須要以歷史為鏡。」（『人民日報』一九九四年八月十四日以及『人民日報』一九九四年八月十八日）。

以「歷史的記憶」為根據，而在現在及將來日本政治的大國化，尤其是成為「外交立足點」的亞太地區的日本的影響力的擴大，中國當然會產生警戒。

加深「地域大國」的自信

中國方面在一九九〇年代對於亞太地區預測「美國、日本、中國、俄羅斯四大國，相互牽制的關係會更為發展。東亞地區、美國、日本、中國、俄羅斯、ＡＳＥＮＡ五極會形成相互牽制的關係」。而中國本身則認為「東亞和亞太諸國的善鄰友好協助關係必須強化」、「亞太地區的和平、安定及發展應該更為促進」，主張成為地域大國有極大的發言權。

中國的確是亞太地區的經濟發展與安全保障各方面的重要因素。而中國本身也由於倍受國際注目而加深了自信。

「中國創造出世界史上最大市場機會，成為亞太地區經濟成長的動力源。」「中國已經取代美國和日本，成為亞太地區的經濟成長主要動力。亞太地區的所有經濟協助組織，如果沒有中國加入，其影響和規模一定受到限制。」「中國是東亞發展的機車」，而且還認為東亞在二千年是否能夠成為世界經濟成長的「主要一極」其關係就在於「中國的成功為關鍵要素」（『世界知識』一九九四年第二十一期）。

以這些評價為自信，中國展開「全方位的獨立自主外交」，自稱「外交空前活絡，得到豐碩的成果」。還說「西方諸國在世界和平及發展上需要中國，而且已經認識到無法阻止中國的抬頭。無法孤立中國，沒有合理的理由制裁中國，否則的話，西方諸國本身會受損」。甚至認為擁有這層認知的美國和西歐諸國應該要「調整對中政策，改善、發展與中國的關係」（『人民日報』一九九四年十二月十四日、『解放軍報』一九九四年十二月二十六日）。

光是一九九四年，一年內中國首腦就遍訪十國。最值得注意的是，國家主席江澤民訪問俄羅斯等歐洲三國以及東南亞四國，並出席APEC第二屆非正式首腦會談。總理李鵬訪問中亞四國、蒙古、歐洲三國以及韓國，全人代常務委員長喬石訪問西歐三國、拉丁美洲、澳洲和紐西蘭，政治協商會議主席李瑞環訪問歐洲五國。到十一月末為止，共有四十幾國的元首和政府首腦、十七位議長、數十位副總統、副總理和外交部長訪問中國。

自從江澤民九月份訪問東北亞地區以後，據說和俄羅斯的關係有了「新的發展」，兩國確立「二十一世紀新型合作關係」，發表共同聲明，稱讚關係的全面發展。而對日關係在經濟貿易面也評價為「不斷擴大」。誇示對北韓的影響力，關於核子開發問題之美、北韓交涉「範圍同意」的成立，中國明言「發揮重要的作用」。

與中亞的善鄰友好關係，藉著四月的李鵬訪問吉爾吉斯、烏茲別克和蒙古等地，而「不斷地改善、發展」。尤其是與哈薩克簽定國境協定，使得長達一千七百公里的國境成為「友好協助的紐帶」而倍受好評。

東南亞地區方面，一九九四年十一月江澤民訪問東南亞以後，善鄰友好關係「更為鞏固」發展。

江澤民從九四年十一月八日到二十二日為止，訪問新加坡、馬來西亞、印尼和越南，十一月十四日和十五日也出席在雅加達所召開的APEC非正式首腦會談。

中國方面極力主張與這四國的共通性，宣稱「都是開發中國家」、「現在具有發展四國經濟的共同任務，在國際實務當中反對外來的干涉、反對強權政治，基於和平共存的五原則為基礎，發展國家間關係」。

同時認為以新加坡、馬來西亞、印尼為主的ASEAN「最近出現地區經濟協助，在擁護地區和平及安定各方面具有重要的任務，在國際舞台上具有活躍的勢力」，強調應該要得到中國的支持，以建立連帶關係，「中國對於ASEAN的東南亞和平、自由、中立區設置的主張和非核地區設置的願望會加以尊重、支持。我們對於ASEAN在強調地區和平以及促進安全之對話上的積極努力表示稱讚，希望支持及參加ASEAN地域的諸活動」。關於江澤民的訪問，總括地說就是「除去疑念、增進信賴、擴大共通認識，強化友好互惠的協助關係」（『瞭望』一九九四年第四十六期、『人民日報』一九九四年十一月十二日及『人民日報』社論，一九九四年十一月十六日）。

但是，問題在於具有深刻對立歷史的越南。「會談在友好、率直、相互尊重、相互了解的氣氛中進行」。而越南方面對於江澤民訪問越南，則肯定認為是「具有歷史意義的訪問，能夠發展兩黨、兩國的友好互助關係」。共同聲明則是越南承認中華人民共和國是代表中國的唯一合法政府，承認台灣是中國領土不可分的一部分，確認不會與台灣發展正式的關係，確認透過交涉，和平解決國境、領土問題。這也可說越南方面展現相當大的妥協讓步。

關於陸上國境和東京灣的界線問題，同意「儘早解決」。關係南沙群島的問題等「海上問題」的表現同意繼續交涉，設置「海上問題專家小組」進行對話和協議。在問題解決之前表示「絕對不採取使紛爭複雜化、擴大化的行動，絕對不訴諸武力，以武力威脅」、「摸索雙方都能接受的基本長期解決方法」。

但是關於南沙問題，並沒有達成基本的協議。協議指示設置專家小組，和陸上國境與東京灣的問題不同，並不同意「早期解決」。根據外交部長錢其琛的說法，共同聲明在南沙群島問題上，摸索「雙方都能接受的可能解決方法」，同時表示「增加信賴，確立必要的構造，透過交涉、對話、協議，同意和平解決存在於兩國間的一部分問題」，但並不期待早期解決。

江澤民認為「關係發展的意義為必須進行率直而且有益的意見交換」。但是中國方面將「領有權問題束之高閣，進行共同開發」的立場完全不變。錢其琛在記者會上也清楚地確認這一點。而越南斷然主張領有權的立場也不變，不同意共同開發。因此錢其琛說「想要以和平交涉來解決複雜的問題，需要時間、需要長期的努力」，因此，仍然留下了火種。（『人民日報』一九九四年十一月二十日及十一月二十三日）。

與ASEAN諸國的關係也並不是只有共通點而已。

在第二屆APEC首腦非正式會議當中，江澤民一方面強調加盟國、地區全體的協助，同時在ASEAN的開發中的亞洲諸國，其利益上也明白地表示中國的立場。對於亞洲太平洋經濟協助的未來，提出新的五大原則。首先是相互尊重以及一致的協助和協議，第二是秩序的前進及安定地發展，第三是相互開放，絕不採取排他的行動，第四點則是廣泛地協助和相互利益、相互施惠，第五點是地域內差距縮小及共同繁榮。

這次會議的主要主題，在於貿易及投資自由化的實踐時期，而中國方面的表示是「我們贊成長期目標以及排定適當實施時間表，如果本次會議對於這些問題同意朝著這些方面發展的話，我們也贊成。貿易自由化應該是以無差別的原則為基礎。同時，在亞太地區多樣化的實際狀況中，在經濟發展的水準各有不同的地區內，自由化的作法與經濟普遍發達地方的作法，必須完全不同。擁有秩序，同時要循序漸進地實施。經濟發展因不同的國家各自制定自由化的時間表也無妨」（『人民日報』一九九四年十一月十六日）。

中國對於貿易和投資的自由化方面，認為先進國家在西元二〇一〇年，新興工業國地區在二〇一五年。開發中國家在二〇二〇年實現。結果先進國家的時期設定是二〇一〇年，開發中國家為二〇二〇年。

對於ASEAN諸國而言，中國當然比開發中國家更受歡迎。但是中國也了解ASEAN並不只是支持中國而已。「ASEAN一方面對中國的EAEC想要表示支持的態度，一方面又想取得與中國、日本的平衡。但另外一方面，又打出台灣牌箝制中國，而美國也『保持各種形式的存在』」，而對於日本，一方面要警戒它要「卸下歷史的重擔」，又希望藉由卸下歷史的重擔而在亞洲能發揮更大的作用（『世界知識』一九九四年第二十一期）。

對於日本的警戒與期待

中國成為亞洲的地區大國，想要確保其擴大主動權時，同樣屬於亞洲大國的日本的動向，是中國必須考慮的問題。

首先指出的就是「美日同盟的競爭已經取代了美蘇的軍事對立和爭奪」。日本「成為經濟大國以後，希望成為政治大國的腳步也開始加快了」。舉個例子就是PKO，

「日本是否能夠走和平發展之路，在亞洲太平洋的和平與發展上積極發揮作用，或者是以不同的方式走歷史的舊路，這是許多亞洲太平洋諸國關心的問題」。因此「日本成為不確定、不安定的要素」，「日本今後發展的方向、美日關係的發展」比俄羅斯和中美關係、朝鮮半島的關係更受注目（『瞭望』一九九二年第四十四期及『國際問題研究』一九九四年第一期）。

亞洲太平洋，尤其是東亞情勢可以說「相對安定」，但是「國際情勢整體的變化，使得這個地區許多國家各自的政策和配置會進行調整，而使這個地區的利益關係和組合產生深刻的變化」。「亞洲太平洋內部除了協助以外，經濟競爭和主導權的爭奪也在發展中」（『世界知識』一九九四年第一期以及『人民日報』一九九四年五月十二日）。

中國方面認為日本「成為經濟大國以後，想要成為政治大國的腳步會加快」，「在亞洲想要確立自國的主導權」（『世界知識』一九九四年第二十一期）。「日本扮演各種角色、發揮各種作用。日本以穩健的姿態，展開多層外交。加速貫徹其戰略構想，主導美日協助的亞太地區經濟協助圈的成立，想要鞏固在APEC中的日本地盤。在解決亞洲或西太平洋特有的問題時，發揮EAEC的作用，想要阻止由美國所控制的NAFTA，成為排他的貿易團體」，同時提出警告「日本到底是要走和平發展之路，在亞洲太平洋的和平和發展上積極發揮作用，還是以不同的方式，走歷史的舊路」，這是許多亞洲太平洋諸國關心的問題。

因此，中國對於日本想要進入聯合國安理會擔任常任理事國的要求，並不表示積極的姿態。主席江澤民對於日本加入常任理事國只說「要留意日本的希望」、「對於這個希望我們要表明理解和重視」，並沒有公開贊成（『人民日報』一九九四年六月十一日）。而上海的『文匯報』一九九四年十月七日則揶揄地說，日本想要加入常任理事國是「無止境的夢想」。

期待與警戒交錯的對日姿態，也出現在以中國人為對象，所做的輿論調查之矛盾對立觀中。

一九九二年八月、九月，由社會科學院國際關係研究所及地方的社會科學院分院，進行的「中國人心中的外國」的調查，在北京、上海、天津、廣州、瀋陽等地，以一千五百人（九〇%以上受過高等教育，以四十五到五十五歲有外國訪問的經驗）為對象實施調查，在「印象最深刻的國家中」占第一位（三六%）的是日本，認為「發展快速、建設宏偉」。而第二位則是新加坡（二一%），認為「建設宏偉、社會安定」。但是關於「最感到反感的國家」，日本占第一位（四〇%），因為「破壞中國」的記憶仍沒有消失。而第二位（二五%）則是英國，理由是「侵略中國」。第三位是美國（二三%），理由是「干涉」。

一九九五年一月九日『北京青年報』對於都市的中國青年進行意識調查，發現「喜歡的國家」第一位是中國、第二位是新加坡、第三位是美國。而「討厭的國家」第一位是美國，日本則超過越南、俄羅斯為第二位。而「友好的國家」第二位是北韓，但「非友好的國家」第二位也是北韓。

這種對日期待與警戒應該如何應對，將是日本今後外交的問題。

新的中日關係的摸索

中日關係總括而言還算良好。主席江澤民認為「雖然日本的政局幾番變動，但是中日兩國各範圍的友好協助，將能持續安定地發展」。其理由就是「兩國具有廣泛共通的利益，悠久歷史文化的淵源以及深厚大衆基礎，所建立的中日友好具有強韌的生命力」，因此「對於中日關係的未來，我深具自信」（『人民日報』一九九四年六月十一日）。

日本在顯著的亞洲經濟發展中是發展的模型，是資金和技術的支援者，同時也是有貢獻的製品購買緩衝國。今後仍然需要進行這種貢獻，同時，在包括安全保障在內，成為經濟發展前提條件的亞洲安定秩序建立上，也要積極發揮貢獻。

探討這些課題時，除了與美國的緊密協助外，也需要重視亞洲地區大國，影響力逐漸增大的中國。

中國的經濟發展非常顯著。自一九九二年以來，連續三年達到十三％的成長率，成為亞洲經濟發展的牽引力。預測二十一世紀初期，與美日並稱為世界經濟大國。但是急速發展中，大氣污染、水質污濁、酸雨等環境問題極端嚴重。不只中國國內，對於國際造成影響的狀況令人憂心。

考慮亞洲安全保障時，對於中國軍事力增強感覺不安。現在已經出現世界性縮減軍隊的傾向，而中國國防費用卻連續六年增加。一九九三年為十四・九％，九四年為二二・四％，九五年也上升了二〇％以上。即使在中越戰爭中，一九七九年國防費只占整體預算的十八％而已，其後削減到八八年降低為八％，但是八九年以後卻轉換為增加傾向，九四年占了整個預算的將近一〇％。在亞洲冷戰即將結束時，蘇聯的解體、美國的軍事援助相對的後退，造成「力的真空」，中國難道想要藉著增加武力來填補這個真空嗎？在東南亞各國心中，都浮上了這種「中國威脅論」。

考慮亞洲地區的繁榮與安定時，中國本身持續安定發展，以及中國極力解決地區內的問題都是重要因素。日本在協助中國的經濟發展以及環境問題的解決時，也必須要讓中國了解亞洲諸國的「中國威脅論」，協助中國建立安定秩序才行。這將是今後中日關係中的重大課題。亦即「未來志向」、「對世界有貢獻的中日關係」的內容之一。

因此，努力已經開始了。一九九三年十一月，當時的首相細川就已經在西雅圖和中共國家主席江澤民會談。九四年一月當時的外相羽田訪中，三月中央副總理朱鎔基訪日，確認中日協助關係。九四年三月細川首相訪中，也是這項努力的一環。而村山首相在九四年十一月出席APEC第二屆非正式首腦會談，同時和江澤民主席會談，討論這個問題。

經濟關係順利，相信今後日本對中國經濟協助更會擴大。貿易急增，一九九三年與前年比增加五四%，九四年增加二二・二%，達到歷史上最高的四百六十二億美元。日本的赤字也創下歷史上的最高點，超過八十億美元。日本在九三年以後已經超過香港，成為中國最大的貿易國，九五年超過五百億美元，二〇〇〇年預計會超過一千億美元。十年內增加了十倍。

直接投資在九〇年代，尤其是鄧小平南方講話之後，暫時呈現過熱狀態，到九二年以後急增。九二年超過十億美元，與前年比提昇了八〇%。九三年為十三億美元，九四年也許會超過十五億美元。根據九四年末的累積為一百億美元，而實施基礎也超過七十億美元。契約基礎僅次於香港、台灣、美國，占第四位，但實施基礎卻占第二位。香港、台灣、東南亞資本投資實施率為二五%，日本卻達六五%。所以中國對日本資本的信賴感增強，希望日本能繼續投資。

關於政府的經濟協助方面，到目前為止，給與中國三次借款，達到一百三十億美元。第一次（一九七九—八三）為三千三百零九億日幣，第二次（一九八四—八九年）為四千七百億日幣，第三次（一九九〇—九五年）為八千一百億日幣。此外，還特別提供三次資源開發借款、輸出基地開發計畫等。所以日本對於中國政府資金的提供，可以算是世界第一，占中國公開對外借款的將近四〇%。由此可知，日本在中國經濟發展和開放化中，的確發揮了很大的作用。

日本今後還打算繼續發揮這種作用。九六年開始的第四次借款的提供，就表明了這種決定。關於第四次，中國方面在一九九六年開始到二〇〇〇年的五年內，希望能夠得到這筆借款。包括上海和北京的新幹線建設，上海國際機場等社會資本整備為主，大約有七十件建設需要一兆五千億日幣，而在前半三年，非正式要求日本借款七千億日幣。

日本方面則提出提供借款的期間，由以往的五年縮短為三年，但是接下來的二年內則是持續對象建設的資金提供，採用「三年加二年」的方式來進行。

此外，提供的重點從以往的社會資本整備，逐漸轉移為環境保護、公害防止等相關案件，以及與內陸開發和民主安定相關的社會基礎整備。一旦為提供防止公害技術的環境保護協助協定簽定後，由政府關係者所組成的中日環境保護合同委員會，打算在九四年十二月召開第一屆會議。

在借款交涉上的首要問題，就是借款提供以及軍事力增強的關係。在借款提供方面，一定要喚起中國方面的注意，絕對不能將借款使用於軍事用途，而軍事費的動向也必須要注意。日本應該要強調必須要適用於日本國是大綱的原則。

持續六年的軍事費用增加，無可否認的，中國軍事力增強了。一九九〇年訪中的海部首相說「希望了解ODA原則」，並沒有直接談及要抑制「軍事費」。關於中日間安全保障問題相關實務者協議已經開始進行，這時要努力地要求提高中國軍事力的透明性，同時讓中國了解到包括東南亞諸國在內，對於中國軍事力增加的擔憂，請中國要努力改善才行。而貸款給中國，將是日本有力的王牌，可以活用於經濟協助的交涉場合。日本政府必須考慮到中國擴張軍備的作風，要努力喚起中國注意這個問題。

一九九四年不顧日本政府的抗議，二度進行核子實驗。然而日本方面第四次日幣借款的交涉，卻仍然決定前半三年的總額五千八百億日幣。與第三次比較，年間平均增加四三%。甚至已經超過印尼，中國成為日本最大的援助對象國。除了借款五千八百億日幣以外，九五年一月武村部長訪問中國大陸並保證救助貸款二十億美元給中國。

兩國間問題，則是中國依然對於日本的台灣政策感到憂心，不只是經濟的發展，在政治的民主化方面，在亞洲深具影響力的台灣，不只與日本進行經濟交流，同時也加強政治關係，使得中國抱持強烈的警戒。

尤其是一九九四年利用農曆正月休假，到菲律賓、印尼、泰國訪問的李登輝總統，也與各國首腦會談，使得中國的警戒感倍增。雖說是「休假外交」，但事實上卻是進行首腦會談，希望藉此能夠為九四年秋天在印尼所舉行的APEC首腦會談舖路，以及調整到日本訪問的環境，這就是台灣的目的。而中國方面則提出「一個中國」的原則，來牽制日本。日本在確認這個原則的同時，也需要努力地讓中國了解台灣在亞洲影響力的擴大，已經是客觀的事實了。

一九九四年十月在廣島召開的亞運，可以說是一個轉機。大會主辦者（亞運評議會），曾經寄發邀請函給李登輝總統，邀請他擔任來賓。

中國方面的反應是「絕對反對」。主席江澤民甚至單刀直入地說「不承認台灣的政治獨立。不歡迎與中國有邦交的各國，接受台灣的高層領導者」，並說「日本昔日曾為中國帶來大災難」，在歷史問題上希望日本能夠確認應負的責任，要求日本「堅持『一個中國』的立場，對歷史多加反省，而發展與中國的友好關係」（『人民日報』一九九四年八月二十日）。

日本方面並未完全沒有嘗試與台灣重新建立良好的關係。以往除了總統以外的台灣政府的閣僚訪日都被日本接受，而實施局長級高官訪台，細川政權也嘗試過通產相（交通部長）的訪問。但是閣僚的訪台卻引發中國的反感，而無法實現。

亞運評議會最後下達的決定是，拒絕日本以外的「政治人物」出席大會，而使得李登輝總統無法訪問日本。但是日本政府卻以「二〇〇二年亞運大會招致特別委員會委員長」的名義，允許行政院副院長徐立德訪日。

關於這一點，中國仍然基於違反「一個中國」的原則而對日加以責難。但是亞運大會是國威發揚的機會，也考慮到日本國內的反感，因此，並未中止派遣選手參加亞運。同時也獲得日方的保證，在一九九五年秋天於大阪所舉行的APEC第三屆首腦會談中，絕不邀請李登輝總統參加。

冷戰時期，在亞洲對立的美蘇間握有決定權的第三政治大國，中國對於亞洲的安全保障具有極大的影響力。但是冷戰結束後的影響力，如先前所敍述的，其關鍵也在於今後的中國要選擇走哪一條路來決定。

看清中國將來的同時，必須努力引導中國走向維持亞洲新安定秩序的方向。不只是美國，也必須在與亞洲諸國的緊密協助之下進行。因此，中日關係已經不再是如以往一般，完全不考慮他國反應的「特殊兩國間關係」，而必須重新加以評估，摸索該如何建立在世界，尤其是亞洲內兩國間關係的「新關係」。

中國現在是僅次於日本的亞洲第二經濟大國。在迂迴曲折的道路中持續維持「一個中國」，今後將會更為經濟大國化。

二〇〇二年，包括台灣、香港在內的「中華經濟圈」，二〇〇九年光是一個中國就能夠超越美國的GDP，而成為世界第一的經濟超大國，也許這種評估是過大的評價。但是如果混亂和分裂等事態不會出現的話，則在二〇五〇年前後，個人GDP將會達到四千美元的「中等國水準」，因此，完成現代化建設的鄧小平的「三階段發展構想」實踐可能性也會提高。到時人口為十六億人，GDP為六兆四千億美元。

因此，中日經濟力的逆轉在二〇二〇年左右就會到來。日本是亞洲地區最大的經濟大國，對於地區的和平與發展，發揮重要任務的時間恐怕不長了。

後記

我一年會到中國四、五次。一次會到農村，而其他的時候則是以北京或上海等都會為主。一九七八年末改革、開放以來，十六年來中國產生很大的變化，所到之處都讓我有這種感覺。尤其這幾年的改變，不論在農村或都市都非常地顯著。這是「兩個加速（改革、開放與經濟發展的加速」）的結果。但是最近卻出現「加速」疲乏的氣氛。歷經十六年的改革開放、使得最近的「加速」逐漸放慢腳步，而「鄧小平不在」的現實化也是一大原因。

進入大老鄧小平時代的過渡期，到底今後的發展如何，的確令人感到不安。自一九四九年建國以來，現在的中國藉著毛澤東和鄧小平等魅力人物而使國家統一。失去魅力人物的中國會演變成何種情形，則不得而知。

中國朋友這麼說「毛澤東因為民族解放而成為魅力人物，鄧小平因為經濟解放而成為魅力人物。要等到下一位魅力人物出現，恐怕必須由政治解放來達成」。的確，江澤民要成為新的魅力人物，其條件就是「政治的解放」。但是「政治的解放」可能會導致由他所帶領的共產黨體制解體。過渡期的困境仍然根深蒂固。因此，想要看穿「失去鄧小平的中國」實在很困難。

　本書是以預測中國的近未來為主題。由於立刻就可以知道其分析和推測的妥當性，因此，執筆是非常困難。能夠寫完此書，是得到日本經濟新聞社出版局編輯部的系屋和惠的協助才能完成。在此深表感謝之意。隨時都可以聆聽許多人的教誨、指導，成為本書執筆時的一大力量。無法一一列舉姓名，在此深致謝意。

一九九五年春

小島朋之

作者略歷

小島朋之

1943年　出生於日本大分縣
1969年　修完慶應義塾大學大學院法學研究科政治學專攻碩士課程
1972年　中途停止在加州大學柏克萊分校歷史學部博士課程
1984年　取得慶應義塾大學法學博士學位
曾任外務省駐外特別研究員（香港）；京都外語大學助教；京都產業大學外語學部教授；外務省駐外專門調查員（北京）
現　任　慶應義塾大學綜合政策學部教授
著　書　『中國政治與大眾路線』、『徬徨的中國』、『摸索的中國』、『站在歧路上的中國』、『中國共產黨的選擇』、『中國成為香港之日』、『脫社會主義的中國』、『構造轉換的中國』、『毛澤東與鄧小平』（大展出版社出版）等。

大展出版社有限公司　圖書目錄

地址：台北市北投區11204
致遠一路二段12巷1號
郵撥：0166955～1

電話：(02) 8236031
8236033
傳真：(02) 8272069

・法律專欄連載・電腦編號 58

台大法學院 法律學系／策劃
法律服務社／編著

①別讓您的權利睡著了[1]	200元
②別讓您的權利睡著了[2]	200元

・秘傳占卜系列・電腦編號 14

①手相術	淺野八郎著	150元
②人相術	淺野八郎著	150元
③西洋占星術	淺野八郎著	150元
④中國神奇占卜	淺野八郎著	150元
⑤夢判斷	淺野八郎著	150元
⑥前世、來世占卜	淺野八郎著	150元
⑦法國式血型學	淺野八郎著	150元
⑧靈感、符咒學	淺野八郎著	150元
⑨紙牌占卜學	淺野八郎著	150元
⑩ＥＳＰ超能力占卜	淺野八郎著	150元
⑪猶太數的秘術	淺野八郎著	150元
⑫新心理測驗	淺野八郎著	160元

・趣味心理講座・電腦編號 15

①性格測驗１	探索男與女	淺野八郎著	140元
②性格測驗２	透視人心奧秘	淺野八郎著	140元
③性格測驗３	發現陌生的自己	淺野八郎著	140元
④性格測驗４	發現你的真面目	淺野八郎著	140元
⑤性格測驗５	讓你們吃驚	淺野八郎著	140元
⑥性格測驗６	洞穿心理盲點	淺野八郎著	140元
⑦性格測驗７	探索對方心理	淺野八郎著	140元
⑧性格測驗８	由吃認識自己	淺野八郎著	140元
⑨性格測驗９	戀愛知多少	淺野八郎著	140元

⑩性格測驗10	由裝扮瞭解人心	淺野八郎著	140元
⑪性格測驗11	敲開內心玄機	淺野八郎著	140元
⑫性格測驗12	透視你的未來	淺野八郎著	140元
⑬血型與你的一生		淺野八郎著	160元
⑭趣味推理遊戲		淺野八郎著	160元
⑮行爲語言解析		淺野八郎著	160元

•婦 幼 天 地•電腦編號16

①八萬人減肥成果	黃靜香譯	180元
②三分鐘減肥體操	楊鴻儒譯	150元
③窈窕淑女美髮秘訣	柯素娥譯	130元
④使妳更迷人	成　玉譯	130元
⑤女性的更年期	官舒妍編譯	160元
⑥胎內育兒法	李玉瓊編譯	150元
⑦早產兒袋鼠式護理	唐岱蘭譯	200元
⑧初次懷孕與生產	婦幼天地編譯組	180元
⑨初次育兒12個月	婦幼天地編譯組	180元
⑩斷乳食與幼兒食	婦幼天地編譯組	180元
⑪培養幼兒能力與性向	婦幼天地編譯組	180元
⑫培養幼兒創造力的玩具與遊戲	婦幼天地編譯組	180元
⑬幼兒的症狀與疾病	婦幼天地編譯組	180元
⑭腿部苗條健美法	婦幼天地編譯組	150元
⑮女性腰痛別忽視	婦幼天地編譯組	150元
⑯舒展身心體操術	李玉瓊編譯	130元
⑰三分鐘臉部體操	趙薇妮著	160元
⑱生動的笑容表情術	趙薇妮著	160元
⑲心曠神怡減肥法	川津祐介著	130元
⑳內衣使妳更美麗	陳玄茹譯	130元
㉑瑜伽美姿美容	黃靜香編著	150元
㉒高雅女性裝扮學	陳珮玲譯	180元
㉓蠶糞肌膚美顏法	坂梨秀子著	160元
㉔認識妳的身體	李玉瓊譯	160元
㉕產後恢復苗條體態	居理安•芙萊喬著	200元
㉖正確護髮美容法	山崎伊久江著	180元
㉗安琪拉美姿養生學	安琪拉蘭斯博瑞著	180元
㉘女體性醫學剖析	增田豐著	220元
㉙懷孕與生產剖析	岡部綾子著	180元
㉚斷奶後的健康育兒	東城百合子著	220元
㉛引出孩子幹勁的責罵藝術	多湖輝著	170元
㉜培養孩子獨立的藝術	多湖輝著	170元

㉝子宮肌瘤與卵巢囊腫	陳秀琳編著	180元
㉞下半身減肥法	納他夏・史達賓著	180元
㉟女性自然美容法	吳雅菁編著	180元

・青 春 天 地・電腦編號 17

①A血型與星座	柯素娥編譯	120元
②B血型與星座	柯素娥編譯	120元
③O血型與星座	柯素娥編譯	120元
④AB血型與星座	柯素娥編譯	120元
⑤青春期性教室	呂貴嵐編譯	130元
⑥事半功倍讀書法	王毅希編譯	150元
⑦難解數學破題	宋釗宜編譯	130元
⑧速算解題技巧	宋釗宜編譯	130元
⑨小論文寫作秘訣	林顯茂編譯	120元
⑪中學生野外遊戲	熊谷康編著	120元
⑫恐怖極短篇	柯素娥編譯	130元
⑬恐怖夜話	小毛驢編譯	130元
⑭恐怖幽默短篇	小毛驢編譯	120元
⑮黑色幽默短篇	小毛驢編譯	120元
⑯靈異怪談	小毛驢編譯	130元
⑰錯覺遊戲	小毛驢編譯	130元
⑱整人遊戲	小毛驢編著	150元
⑲有趣的超常識	柯素娥編譯	130元
⑳哦！原來如此	林慶旺編譯	130元
㉑趣味競賽100種	劉名揚編譯	120元
㉒數學謎題入門	宋釗宜編譯	150元
㉓數學謎題解析	宋釗宜編譯	150元
㉔透視男女心理	林慶旺編譯	120元
㉕少女情懷的自白	李桂蘭編譯	120元
㉖由兄弟姊妹看命運	李玉瓊編譯	130元
㉗趣味的科學魔術	林慶旺編譯	150元
㉘趣味的心理實驗室	李燕玲編譯	150元
㉙愛與性心理測驗	小毛驢編譯	130元
㉚刑案推理解謎	小毛驢編譯	130元
㉛偵探常識推理	小毛驢編譯	130元
㉜偵探常識解謎	小毛驢編譯	130元
㉝偵探推理遊戲	小毛驢編譯	130元
㉞趣味的超魔術	廖玉山編著	150元
㉟趣味的珍奇發明	柯素娥編著	150元
㊱登山用具與技巧	陳瑞菊編著	150元

・健康天地・電腦編號18

①壓力的預防與治療	柯素娥編譯	130元
②超科學氣的魔力	柯素娥編譯	130元
③尿療法治病的神奇	中尾良一著	130元
④鐵證如山的尿療法奇蹟	廖玉山譯	120元
⑤一日斷食健康法	葉慈容編譯	150元
⑥胃部強健法	陳炳崑譯	120元
⑦癌症早期檢查法	廖松濤譯	160元
⑧老人痴呆症防止法	柯素娥編譯	130元
⑨松葉汁健康飲料	陳麗芬編譯	130元
⑩揉肚臍健康法	永井秋夫著	150元
⑪過勞死、猝死的預防	卓秀貞編譯	130元
⑫高血壓治療與飲食	藤山順豐著	150元
⑬老人看護指南	柯素娥編譯	150元
⑭美容外科淺談	楊啟宏著	150元
⑮美容外科新境界	楊啟宏著	150元
⑯鹽是天然的醫生	西英司郎著	140元
⑰年輕十歲不是夢	梁瑞麟譯	200元
⑱茶料理治百病	桑野和民著	180元
⑲綠茶治病寶典	桑野和民著	150元
⑳杜仲茶養顏減肥法	西田博著	150元
㉑蜂膠驚人療效	瀨長良三郎著	150元
㉒蜂膠治百病	瀨長良三郎著	180元
㉓醫藥與生活	鄭炳全著	180元
㉔鈣長生寶典	落合敏著	180元
㉕大蒜長生寶典	木下繁太郎著	160元
㉖居家自我健康檢查	石川恭三著	160元
㉗永恒的健康人生	李秀鈴譯	200元
㉘大豆卵磷脂長生寶典	劉雪卿譯	150元
㉙芳香療法	梁艾琳譯	160元
㉚醋長生寶典	柯素娥譯	180元
㉛從星座透視健康	席拉・吉蒂斯著	180元
㉜愉悅自在保健學	野本二士夫著	160元
㉝裸睡健康法	丸山淳士等著	160元
㉞糖尿病預防與治療	藤田順豐著	180元
㉟維他命長生寶典	菅原明子著	180元
㊱維他命C新效果	鐘文訓編	150元
㊲手、腳病理按摩	堤芳郎著	160元
㊳AIDS瞭解與預防	彼得塔歇爾著	180元

㊴甲殼質殼聚糖健康法	沈永嘉譯	160元
㊵神經痛預防與治療	木下眞男著	160元
㊶室內身體鍛鍊法	陳炳崑編著	160元
㊷吃出健康藥膳	劉大器編著	180元
㊸自我指壓術	蘇燕謀編著	160元
㊹紅蘿蔔汁斷食療法	李玉瓊編著	150元
㊺洗心術健康秘法	竺翠萍編譯	170元
㊻枇杷葉健康療法	柯素娥編譯	180元
㊼抗衰血癒	楊啟宏著	180元
㊽與癌搏鬥記	逸見政孝著	180元
㊾冬蟲夏草長生寶典	高橋義博著	170元
㊿痔瘡・大腸疾病先端療法	宮島伸宜著	180元
51膠布治癒頑固慢性病	加瀨建造著	180元
52芝麻神奇健康法	小林貞作著	170元
53香煙能防止癡呆？	高田明和著	180元
54穀菜食治癌療法	佐藤成志著	180元

•實用女性學講座• 電腦編號 19

①解讀女性內心世界	島田一男著	150元
②塑造成熟的女性	島田一男著	150元
③女性整體裝扮學	黃靜香編著	180元
④女性應對禮儀	黃靜香編著	180元

•校 園 系 列• 電腦編號 20

①讀書集中術	多湖輝著	150元
②應考的訣竅	多湖輝著	150元
③輕鬆讀書贏得聯考	多湖輝著	150元
④讀書記憶秘訣	多湖輝著	150元
⑤視力恢復！超速讀術	江錦雲譯	180元
⑥讀書36計	黃柏松編著	180元
⑦驚人的速讀術	鐘文訓編著	170元

•實用心理學講座• 電腦編號 21

①拆穿欺騙伎倆	多湖輝著	140元
②創造好構想	多湖輝著	140元
③面對面心理術	多湖輝著	160元
④偽裝心理術	多湖輝著	140元
⑤透視人性弱點	多湖輝著	140元

⑥自我表現術	多湖輝著	150元
⑦不可思議的人性心理	多湖輝著	150元
⑧催眠術入門	多湖輝著	150元
⑨責罵部屬的藝術	多湖輝著	150元
⑩精神力	多湖輝著	150元
⑪厚黑說服術	多湖輝著	150元
⑫集中力	多湖輝著	150元
⑬構想力	多湖輝著	150元
⑭深層心理術	多湖輝著	160元
⑮深層語言術	多湖輝著	160元
⑯深層說服術	多湖輝著	180元
⑰掌握潛在心理	多湖輝著	160元
⑱洞悉心理陷阱	多湖輝著	180元
⑲解讀金錢心理	多湖輝著	180元
⑳拆穿語言圈套	多湖輝著	180元
㉑語言的心理戰	多湖輝著	180元

• 超現實心理講座 • 電腦編號 22

①超意識覺醒法	詹蔚芬編譯	130元
②護摩秘法與人生	劉名揚編譯	130元
③秘法！超級仙術入門	陸　明譯	150元
④給地球人的訊息	柯素娥編著	150元
⑤密教的神通力	劉名揚編著	130元
⑥神秘奇妙的世界	平川陽一著	180元
⑦地球文明的超革命	吳秋嬌譯	200元
⑧力量石的秘密	吳秋嬌譯	180元
⑨超能力的靈異世界	馬小莉譯	200元
⑩逃離地球毀滅的命運	吳秋嬌譯	200元
⑪宇宙與地球終結之謎	南山宏著	200元
⑫驚世奇功揭秘	傅起鳳著	200元
⑬啟發身心潛力心象訓練法	栗田昌裕著	180元
⑭仙道術遁甲法	高藤聰一郎著	220元
⑮神通力的秘密	中岡俊哉著	180元

• 養 生 保 健 • 電腦編號 23

①醫療養生氣功	黃孝寬著	250元
②中國氣功圖譜	余功保著	230元
③少林醫療氣功精粹	井玉蘭著	250元
④龍形實用氣功	吳大才等著	220元

⑤魚戲增視強身氣功	宮　嬰著	220元
⑥嚴新氣功	前新培金著	250元
⑦道家玄牝氣功	張　章著	200元
⑧仙家秘傳袪病功	李遠國著	160元
⑨少林十大健身功	秦慶豐著	180元
⑩中國自控氣功	張明武著	250元
⑪醫療防癌氣功	黃孝寬著	250元
⑫醫療強身氣功	黃孝寬著	250元
⑬醫療點穴氣功	黃孝寬著	250元
⑭中國八卦如意功	趙維漢著	180元
⑮正宗馬禮堂養氣功	馬禮堂著	420元
⑯秘傳道家筋經內丹功	王慶餘著	280元
⑰三元開慧功	辛桂林著	250元
⑱防癌治癌新氣功	郭　林著	180元
⑲禪定與佛家氣功修煉	劉天君著	200元
⑳顚倒之術	梅自強著	元
㉑簡明氣功辭典	吳家駿編	元

•社會人智囊•電腦編號 24

①糾紛談判術	清水增三著	160元
②創造關鍵術	淺野八郎著	150元
③觀人術	淺野八郎著	180元
④應急詭辯術	廖英迪編著	160元
⑤天才家學習術	木原武一著	160元
⑥猫型狗式鑑人術	淺野八郎著	180元
⑦逆轉運掌握術	淺野八郎著	180元
⑧人際圓融術	澀谷昌三著	160元
⑨解讀人心術	淺野八郎著	180元
⑩與上司水乳交融術	秋元隆司著	180元
⑪男女心態定律	小田晉著	180元
⑫幽默說話術	林振輝編著	200元
⑬人能信賴幾分	淺野八郎著	180元
⑭我一定能成功	李玉瓊譯	元
⑮獻給青年的嘉言	陳蒼杰譯	元
⑯知人、知面、知其心	林振輝編著	元

•精 選 系 列•電腦編號 25

①毛澤東與鄧小平	渡邊利夫等著	280元
②中國大崩裂	江戶介雄著	180元

③台灣・亞洲奇蹟	上村幸治著	220元
④7-ELEVEN高盈收策略	國友隆一著	180元
⑤台灣獨立	森　詠著	200元
⑥迷失中國的末路	江戶雄介著	220元
⑦2000年5月全世界毀滅	紫藤甲子男著	180元

・運 動 遊 戲・電腦編號 26

①雙人運動	李玉瓊譯	160元
②愉快的跳繩運動	廖玉山譯	180元
③運動會項目精選	王佑京譯	150元
④肋木運動	廖玉山譯	150元
⑤測力運動	王佑宗譯	150元

・銀髮族智慧學・電腦編號 28

①銀髮六十樂逍遙	多湖輝著	170元
②人生六十反年輕	多湖輝著	170元
③六十歲的決斷	多湖輝著	170元

・心 靈 雅 集・電腦編號 00

①禪言佛語看人生	松濤弘道著	180元
②禪密教的奧秘	葉逯謙譯	120元
③觀音大法力	田口日勝著	120元
④觀音法力的大功德	田口日勝著	120元
⑤達摩禪106智慧	劉華亭編譯	150元
⑥有趣的佛教研究	葉逯謙編譯	120元
⑦夢的開運法	蕭京凌譯	130元
⑧禪學智慧	柯素娥編譯	130元
⑨女性佛教入門	許俐萍譯	110元
⑩佛像小百科	心靈雅集編譯組	130元
⑪佛教小百科趣談	心靈雅集編譯組	120元
⑫佛教小百科漫談	心靈雅集編譯組	150元
⑬佛教知識小百科	心靈雅集編譯組	150元
⑭佛學名言智慧	松濤弘道著	220元
⑮釋迦名言智慧	松濤弘道著	220元
⑯活人禪	平田精耕著	120元
⑰坐禪入門	柯素娥編譯	150元
⑱現代禪悟	柯素娥編譯	130元
⑲道元禪師語錄	心靈雅集編譯組	130元

⑳佛學經典指南	心靈雅集編譯組	130元
㉑何謂「生」　阿含經	心靈雅集編譯組	150元
㉒一切皆空　般若心經	心靈雅集編譯組	150元
㉓超越迷惘　法句經	心靈雅集編譯組	130元
㉔開拓宇宙觀　華嚴經	心靈雅集編譯組	130元
㉕真實之道　法華經	心靈雅集編譯組	130元
㉖自由自在　涅槃經	心靈雅集編譯組	130元
㉗沈默的教示　維摩經	心靈雅集編譯組	150元
㉘開通心眼　佛語佛戒	心靈雅集編譯組	130元
㉙揭秘寶庫　密教經典	心靈雅集編譯組	130元
㉚坐禪與養生	廖松濤譯	110元
㉛釋尊十戒	柯素娥編譯	120元
㉜佛法與神通	劉欣如編著	120元
㉝悟（正法眼藏的世界）	柯素娥編譯	120元
㉞只管打坐	劉欣如編著	120元
㉟喬答摩・佛陀傳	劉欣如編著	120元
㊱唐玄奘留學記	劉欣如編著	120元
㊲佛教的人生觀	劉欣如編譯	110元
㊳無門關（上卷）	心靈雅集編譯組	150元
㊴無門關（下卷）	心靈雅集編譯組	150元
㊵業的思想	劉欣如編著	130元
㊶佛法難學嗎	劉欣如著	140元
㊷佛法實用嗎	劉欣如著	140元
㊸佛法殊勝嗎	劉欣如著	140元
㊹因果報應法則	李常傳編	140元
㊺佛教醫學的奧秘	劉欣如編著	150元
㊻紅塵絕唱	海　若著	130元
㊼佛教生活風情	洪丕謨、姜玉珍著	220元
㊽行住坐臥有佛法	劉欣如著	160元
㊾起心動念是佛法	劉欣如著	160元
㊿四字禪語	曹洞宗青年會	200元
(51)妙法蓮華經	劉欣如編著	160元
(52)根本佛教與大乘佛教	葉作森編	180元

・經　營　管　理・電腦編號 01

◎創新經營管理六十六大計（精）	蔡弘文編	780元
①如何獲取生意情報	蘇燕謀譯	110元
②經濟常識問答	蘇燕謀譯	130元
④台灣商戰風雲錄	陳中雄著	120元
⑤推銷大王秘錄	原一平著	180元

⑥新創意・賺大錢	王家成譯	90元
⑦工廠管理新手法	琪　輝著	120元
⑨經營參謀	柯順隆譯	120元
⑩美國實業24小時	柯順隆譯	80元
⑪撼動人心的推銷法	原一平著	150元
⑫高竿經營法	蔡弘文編	120元
⑬如何掌握顧客	柯順隆譯	150元
⑭一等一賺錢策略	蔡弘文編	120元
⑯成功經營妙方	鐘文訓著	120元
⑰一流的管理	蔡弘文編	150元
⑱外國人看中韓經濟	劉華亭譯	150元
⑳突破商場人際學	林振輝編著	90元
㉑無中生有術	琪輝編著	140元
㉒如何使女人打開錢包	林振輝編著	100元
㉓操縱上司術	邑井操著	90元
㉔小公司經營策略	王嘉誠著	160元
㉕成功的會議技巧	鐘文訓編譯	100元
㉖新時代老闆學	黃柏松編著	100元
㉗如何創造商場智囊團	林振輝編譯	150元
㉘十分鐘推銷術	林振輝編譯	180元
㉙五分鐘育才	黃柏松編譯	100元
㉚成功商場戰術	陸明編譯	100元
㉛商場談話技巧	劉華亭編譯	120元
㉜企業帝王學	鐘文訓譯	90元
㉝自我經濟學	廖松濤編譯	100元
㉞一流的經營	陶田生編著	120元
㉟女性職員管理術	王昭國編譯	120元
㊱ＩＢＭ的人事管理	鐘文訓編譯	150元
㊲現代電腦常識	王昭國編譯	150元
㊳電腦管理的危機	鐘文訓編譯	120元
㊴如何發揮廣告效果	王昭國編譯	150元
㊵最新管理技巧	王昭國編譯	150元
㊶一流推銷術	廖松濤編譯	150元
㊷包裝與促銷技巧	王昭國編譯	130元
㊸企業王國指揮塔	松下幸之助著	120元
㊹企業精鋭兵團	松下幸之助著	120元
㊺企業人事管理	松下幸之助著	100元
㊻華僑經商致富術	廖松濤編譯	130元
㊼豐田式銷售技巧	廖松濤編譯	180元
㊽如何掌握銷售技巧	王昭國編著	130元
㊿洞燭機先的經營	鐘文訓編譯	150元

㊾新世紀的服務業	鐘文訓編譯	100元
㊿成功的領導者	廖松濤編譯	120元
54女推銷員成功術	李玉瓊編譯	130元
55ＩＢＭ人才培育術	鐘文訓編譯	100元
56企業人自我突破法	黃琪輝編著	150元
58財富開發術	蔡弘文編著	130元
59成功的店舖設計	鐘文訓編著	150元
61企管回春法	蔡弘文編著	130元
62小企業經營指南	鐘文訓編譯	100元
63商場致勝名言	鐘文訓編譯	150元
64迎接商業新時代	廖松濤編譯	100元
66新手股票投資入門	何朝乾　編	180元
67上揚股與下跌股	何朝乾編譯	180元
68股票速成學	何朝乾編譯	200元
69理財與股票投資策略	黃俊豪編著	180元
70黃金投資策略	黃俊豪編著	180元
71厚黑管理學	廖松濤編譯	180元
72股市致勝格言	呂梅莎編譯	180元
73透視西武集團	林谷燁編譯	150元
76巡迴行銷術	陳蒼杰譯	150元
77推銷的魔術	王嘉誠譯	120元
78 60秒指導部屬	周蓮芬編譯	150元
79精銳女推銷員特訓	李玉瓊編譯	130元
80企劃、提案、報告圖表的技巧	鄭　汶　譯	180元
81海外不動產投資	許達守編譯	150元
82八百件的世界策略	李玉瓊譯	150元
83服務業品質管理	吳宜芬譯	180元
84零庫存銷售	黃東謙編譯	150元
85三分鐘推銷管理	劉名揚編譯	150元
86推銷大王奮鬥史	原一平著	150元
87豐田汽車的生產管理	林谷燁編譯	150元

・成功寶庫・電腦編號 02

①上班族交際術	江森滋著	100元
②拍馬屁訣竅	廖玉山編譯	110元
④聽話的藝術	歐陽輝編譯	110元
⑨求職轉業成功術	陳　義編著	110元
⑩上班族禮儀	廖玉山編著	120元
⑪接近心理學	李玉瓊編著	100元
⑫創造自信的新人生	廖松濤編著	120元

⑭上班族如何出人頭地	廖松濤編著	100元
⑮神奇瞬間瞑想法	廖松濤編譯	100元
⑯人生成功之鑰	楊意苓編著	150元
⑲給企業人的諍言	鐘文訓編著	120元
⑳企業家自律訓練法	陳　義編譯	100元
㉑上班族妖怪學	廖松濤編著	100元
㉒猶太人縱橫世界的奇蹟	孟佑政編著	110元
㉓訪問推銷術	黃靜香編著	130元
㉕你是上班族中強者	嚴思圖編著	100元
㉖向失敗挑戰	黃靜香編著	100元
㉙機智應對術	李玉瓊編著	130元
㉚成功頓悟100則	蕭京凌編譯	130元
㉛掌握好運100則	蕭京凌編譯	110元
㉜知性幽默	李玉瓊編譯	130元
㉝熟記對方絕招	黃靜香編譯	100元
㉞男性成功秘訣	陳蒼杰編譯	130元
㊱業務員成功秘方	李玉瓊編著	120元
㊲察言觀色的技巧	劉華亭編著	130元
㊳一流領導力	施義彥編譯	120元
㊴一流說服力	李玉瓊編著	130元
㊵30秒鐘推銷術	廖松濤編譯	150元
㊶猶太成功商法	周蓮芬編譯	120元
㊷尖端時代行銷策略	陳蒼杰編著	100元
㊸顧客管理學	廖松濤編著	100元
㊹如何使對方說Yes	程　羲編著	150元
㊺如何提高工作效率	劉華亭編著	150元
㊼上班族口才學	楊鴻儒譯	120元
㊽上班族新鮮人須知	程　羲編著	120元
㊾如何左右逢源	程　羲編著	130元
㊿語言的心理戰	多湖輝著	130元
51扣人心弦演說術	劉名揚編著	120元
53如何增進記憶力、集中力	廖松濤譯	130元
55性惡企業管理學	陳蒼杰譯	130元
56自我啟發200招	楊鴻儒編著	150元
57做個傑出女職員	劉名揚編著	130元
58靈活的集團營運術	楊鴻儒編著	120元
60個案研究活用法	楊鴻儒編著	130元
61企業教育訓練遊戲	楊鴻儒編著	120元
62管理者的智慧	程　羲編譯	130元
63做個佼佼管理者	馬筱莉編譯	130元
64智慧型說話技巧	沈永嘉編譯	130元

⑯活用佛學於經營	松濤弘道著	150元
⑰活用禪學於企業	柯素娥編譯	130元
⑱詭辯的智慧	沈永嘉編譯	150元
⑲幽默詭辯術	廖玉山編譯	150元
⑳拿破崙智慧箴言	柯素娥編譯	130元
㉑自我培育・超越	蕭京凌編譯	150元
㉔時間即一切	沈永嘉編譯	130元
㉕自我脫胎換骨	柯素娥譯	150元
㉖贏在起跑點—人才培育鐵則	楊鴻儒編譯	150元
㉗做一枚活棋	李玉瓊編譯	130元
㉘面試成功戰略	柯素娥編譯	130元
㉙自我介紹與社交禮儀	柯素娥編譯	150元
㉚說NO的技巧	廖玉山編譯	130元
㉛瞬間攻破心防法	廖玉山編譯	120元
㉜改變一生的名言	李玉瓊編譯	130元
㉝性格性向創前程	楊鴻儒編譯	130元
㉞訪問行銷新竅門	廖玉山編譯	150元
㉟無所不達的推銷話術	李玉瓊編譯	150元

•處世智慧•電腦編號 03

①如何改變你自己	陸明編譯	120元
④幽默說話術	林振輝編譯	120元
⑤讀書36計	黃柏松編譯	120元
⑥靈感成功術	譚繼山編譯	80元
⑧扭轉一生的五分鐘	黃柏松編譯	100元
⑨知人、知面、知其心	林振輝譯	110元
⑩現代人的詭計	林振輝譯	100元
⑫如何利用你的時間	蘇遠謀譯	80元
⑬口才必勝術	黃柏松編譯	120元
⑭女性的智慧	譚繼山編譯	90元
⑮如何突破孤獨	張文志編譯	80元
⑯人生的體驗	陸明編譯	80元
⑰微笑社交術	張芳明譯	90元
⑱幽默吹牛術	金子登著	90元
⑲攻心說服術	多湖輝著	100元
⑳當機立斷	陸明編譯	70元
㉑勝利者的戰略	宋恩臨編譯	80元
㉒如何交朋友	安紀芳編著	70元
㉓鬥智奇謀（諸葛孔明兵法）	陳炳崑著	70元
㉔慧心良言	亦　奇著	80元

㉕名家慧語	蔡逸鴻主編	90元
㉗稱霸者啟示金言	黃柏松編譯	90元
㉘如何發揮你的潛能	陸明編譯	90元
㉙女人身態語言學	李常傳譯	130元
㉚摸透女人心	張文志譯	90元
㉛現代戀愛秘訣	王家成譯	70元
㉜給女人的悄悄話	妮倩編譯	90元
㉞如何開拓快樂人生	陸明編譯	90元
㉟驚人時間活用法	鐘文訓譯	80元
㊱成功的捷徑	鐘文訓譯	70元
㊲幽默逗笑術	林振輝著	120元
㊳活用血型讀書法	陳炳崑譯	80元
㊴心　燈	葉于模著	100元
㊵當心受騙	林顯茂譯	90元
㊶心・體・命運	蘇燕謀譯	70元
㊷如何使頭腦更敏銳	陸明編譯	70元
㊸宮本武藏五輪書金言錄	宮本武藏著	100元
㊺勇者的智慧	黃柏松編譯	80元
㊼成熟的愛	林振輝譯	120元
㊽現代女性駕馭術	蔡德華著	90元
㊾禁忌遊戲	酒井潔著	90元
52摸透男人心	劉華亭編譯	80元
53如何達成願望	謝世輝著	90元
54創造奇蹟的「想念法」	謝世輝著	90元
55創造成功奇蹟	謝世輝著	90元
56男女幽默趣典	劉華亭譯	90元
57幻想與成功	廖松濤譯	80元
58反派角色的啟示	廖松濤編譯	70元
59現代女性須知	劉華亭編著	75元
61機智說話術	劉華亭編譯	100元
62如何突破內向	姜倩怡編譯	110元
64讀心術入門	王家成編譯	100元
65如何解除內心壓力	林美羽編著	110元
66取信於人的技巧	多湖輝著	110元
67如何培養堅強的自我	林美羽編著	90元
68自我能力的開拓	卓一凡編著	110元
70縱橫交涉術	嚴思圖編著	90元
71如何培養妳的魅力	劉文珊編著	90元
72魅力的力量	姜倩怡編著	90元
73金錢心理學	多湖輝著	100元
74語言的圈套	多湖輝著	110元

⑮個性膽怯者的成功術	廖松濤編譯	100元
⑯人性的光輝	文可式編著	90元
⑲培養靈敏頭腦秘訣	廖玉山編著	90元
⑳夜晚心理術	鄭秀美編譯	80元
㉑如何做個成熟的女性	李玉瓊編著	80元
㉒現代女性成功術	劉文珊編著	90元
㉓成功說話技巧	梁惠珠編譯	100元
㉔人生的真諦	鐘文訓編譯	100元
㉕妳是人見人愛的女孩	廖松濤編著	120元
㉗指尖・頭腦體操	蕭京凌編譯	90元
㉘電話應對禮儀	蕭京凌編著	120元
㉙自我表現的威力	廖松濤編譯	100元
㉚名人名語啟示錄	喬家楓編著	100元
㉛男與女的哲思	程鐘梅編譯	110元
㉜靈思慧語	牧　風著	110元
㉝心靈夜語	牧　風著	100元
㉞激盪腦力訓練	廖松濤編譯	100元
㉟三分鐘頭腦活性法	廖玉山編譯	110元
㊱星期[illegible]的智慧	廖玉山編譯	100元
㊲溝通說服術	賴文琇編譯	100元
㊳超速讀超記憶法	廖松濤編譯	140元

・健康與美容・電腦編號 04

①B型肝炎預防與治療	曾慧琪譯	130元
③媚酒傳（中國王朝秘酒）	陸明主編	120元
④藥酒與健康果菜汁	成玉主編	150元
⑤中國回春健康術	蔡一藩著	100元
⑥奇蹟的斷食療法	蘇燕謀譯	110元
⑧健美食物法	陳炳崑譯	120元
⑨驚異的漢方療法	唐龍編著	90元
⑩不老強精食	唐龍編著	100元
⑫五分鐘跳繩健身法	蘇明達譯	100元
⑬睡眠健康法	王家成譯	80元
⑭你就是名醫	張芳明譯	90元
⑮如何保護你的眼睛	蘇燕謀譯	70元
⑲釋迦長壽健康法	譚繼山譯	90元
⑳腳部按摩健康法	譚繼山譯	120元
㉑自律健康法	蘇明達譯	90元
㉓身心保健座右銘	張仁福著	160元
㉔腦中風家庭看護與運動治療	林振輝譯	100元

㉕秘傳醫學人相術	成玉主編	120元
㉖導引術入門⑴治療慢性病	成玉主編	110元
㉗導引術入門⑵健康・美容	成玉主編	110元
㉘導引術入門⑶身心健康法	成玉主編	110元
㉙妙用靈藥・蘆薈	李常傳譯	150元
㉚萬病回春百科	吳通華著	150元
㉛初次懷孕的10個月	成玉編譯	130元
㉜中國秘傳氣功治百病	陳炳崑編譯	130元
㉟仙人長生不老學	陸明編譯	100元
㊱釋迦秘傳米粒刺激法	鐘文訓譯	120元
㊲痔・治療與預防	陸明編譯	130元
㊳自我防身絕技	陳炳崑編譯	120元
㊴運動不足時疲勞消除法	廖松濤譯	110元
㊵三溫暖健康法	鐘文訓編譯	90元
㊸維他命與健康	鐘文訓譯	150元
㊺森林浴—綠的健康法	劉華亭編譯	80元
㊼導引術入門⑷酒浴健康法	成玉主編	90元
㊽導引術入門⑸不老回春法	成玉主編	90元
㊾山白竹（劍竹）健康法	鐘文訓譯	90元
㊿解救你的心臟	鐘文訓編譯	100元
51牙齒保健法	廖玉山譯	90元
52超人氣功法	陸明編譯	110元
54借力的奇蹟⑴	力拔山著	100元
55借力的奇蹟⑵	力拔山著	100元
56五分鐘小睡健康法	呂添發撰	120元
57禿髮、白髮預防與治療	陳炳崑撰	120元
59艾草健康法	張汝明編譯	90元
60一分鐘健康診斷	蕭京凌編譯	90元
61念術入門	黃靜香編譯	90元
62念術健康法	黃靜香編譯	90元
63健身回春法	梁惠珠編譯	100元
64姿勢養生法	黃秀娟編譯	90元
65仙人瞑想法	鐘文訓譯	120元
66人蔘的神效	林慶旺譯	100元
67奇穴治百病	吳通華著	120元
68中國傳統健康法	靳海東著	100元
69下半身減肥法	納他夏・史達賓著	110元
70使妳的肌膚更亮麗	楊　皓編譯	100元
71酵素健康法	楊　皓編譯	120元
73腰痛預防與治療	五味雅吉著	100元
74如何預防心臟病・腦中風	譚定長等著	100元

⑮少女的生理秘密	蕭京凌譯	120元
⑯頭部按摩與針灸	楊鴻儒譯	100元
⑰雙極療術入門	林聖道著	100元
⑱氣功自療法	梁景蓮著	120元
⑲大蒜健康法	李玉瓊編譯	100元
㉑健胸美容秘訣	黃靜香譯	120元
㉒鍺奇蹟療效	林宏儒譯	120元
㉓三分鐘健身運動	廖玉山譯	120元
㉔尿療法的奇蹟	廖玉山譯	120元
㉕神奇的聚積療法	廖玉山譯	120元
㉖預防運動傷害伸展體操	楊鴻儒編譯	120元
㉘五日就能改變你	柯素娥譯	110元
㉙三分鐘氣功健康法	陳美華譯	120元
㉚痛風劇痛消除法	余昇凌譯	120元
㉛道家氣功術	早島正雄著	130元
㉜氣功減肥術	早島正雄著	120元
㉝超能力氣功法	柯素娥譯	130元
㉞氣的瞑想法	早島正雄著	120元

•家庭／生活• 電腦編號 05

①單身女郎生活經驗談	廖玉山編著	100元
②血型・人際關係	黃靜編著	120元
③血型・妻子	黃靜編著	110元
④血型・丈夫	廖玉山編譯	130元
⑤血型・升學考試	沈永嘉編譯	120元
⑥血型・臉型・愛情	鐘文訓編譯	120元
⑦現代社交須知	廖松濤編譯	100元
⑧簡易家庭按摩	鐘文訓編譯	150元
⑨圖解家庭看護	廖玉山編譯	120元
⑩生男育女隨心所欲	岡正基編著	160元
⑪家庭急救治療法	鐘文訓編著	100元
⑫新孕婦體操	林曉鐘譯	120元
⑬從食物改變個性	廖玉山編譯	100元
⑭藥草的自然療法	東城百合子著	200元
⑮糙米菜食與健康料理	東城百合子著	180元
⑯現代人的婚姻危機	黃　靜編著	90元
⑰親子遊戲　0歲	林慶旺編譯	100元
⑱親子遊戲　1～2歲	林慶旺編譯	110元
⑲親子遊戲　3歲	林慶旺編譯	100元
⑳女性醫學新知	林曉鐘編譯	130元

㉑媽媽與嬰兒	張汝明編譯	180元
㉒生活智慧百科	黃　靜編譯	100元
㉓手相・健康・你	林曉鐘編譯	120元
㉔菜食與健康	張汝明編譯	110元
㉕家庭素食料理	陳東達著	140元
㉖性能力活用秘法	米開・尼里著	150元
㉗兩性之間	林慶旺編譯	120元
㉘性感經穴健康法	蕭京凌編譯	150元
㉙幼兒推拿健康法	蕭京凌編譯	100元
㉚談中國料理	丁秀山編著	100元
㉛舌技入門	增田豐　著	160元
㉜預防癌症的飲食法	黃靜香編譯	150元
㉝性與健康寶典	黃靜香編譯	180元
㉞正確避孕法	蕭京凌編譯	130元
㉟吃的更漂亮美容食譜	楊萬里著	120元
㊱圖解交際舞速成	鐘文訓編譯	150元
㊲觀相導引術	沈永嘉譯	130元
㊳初為人母12個月	陳義譯	180元
㊴圖解麻將入門	顧安行編譯	160元
㊵麻將必勝秘訣	石利夫編譯	160元
㊶女性一生與漢方	蕭京凌編譯	100元
㊷家電的使用與修護	鐘文訓編譯	160元
㊸錯誤的家庭醫療法	鐘文訓編譯	100元
㊹簡易防身術	陳慧珍編譯	130元
㊺茶健康法	鐘文訓編譯	130元
㊻雞尾酒大全	劉雪卿譯	180元
㊼生活的藝術	沈永嘉編著	120元
㊽雜草雜果健康法	沈永嘉編著	120元
㊾如何選擇理想妻子	荒谷慈著	110元
㊿如何選擇理想丈夫	荒谷慈著	110元
(51)中國食與性的智慧	根本光人著	150元
(52)開運法話	陳宏男譯	100元
(53)禪語經典＜上＞	平田精耕著	150元
(54)禪語經典＜下＞	平田精耕著	150元
(55)手掌按摩健康法	鐘文訓譯	180元
(56)脚底按摩健康法	鐘文訓譯	150元
(57)仙道運氣健身法	高藤聰一郎著	150元
(58)健心、健體呼吸法	蕭京凌譯	120元
(59)自彊術入門	蕭京凌譯	120元
(60)指技入門	增田豐著	160元
(61)下半身鍛鍊法	增田豐著	180元

國家圖書館出版品預行編目資料

失去鄧小平的中國／小島朋之著，杜秀卿譯，
—初版 —臺北市，大展，民85
面； 公分—（精選系列；8）
譯自：鄧小平のいない中国
ISBN 957-557-633-0（平裝）

1. 政治—中國大陸

574.1 85009129

ISBN 957-557-633-0

失去鄧小平的中國

原著者／小島朋之
編譯者／杜 秀 卿
發行人／蔡 森 明
出版者／大展出版社有限公司
社 址／台北市北投區（石牌）
致遠一路二段12巷1號
電 話／(02) 8236031・8236033
傳 眞／(02) 8272069
郵政劃撥／0166955－1
登記證／局版臺業字第2171號

承印者／國順圖書印刷公司
裝 訂／嶸興裝訂有限公司
排版者／千賓電腦打字有限公司
電 話／（02）8812643
初 版／1996年（民85年）10月
定 價／220元

大展好書 好書大展